NIR EYAL WITH JULIE LI

indistractable

How to Control Your Attention and Choose Your Life

最強の集中力

本当にやりたいことに没頭する技術

ニール・イヤール with ジュリー・リー　野中香方子 訳

日経BP

ジャスミンに捧げる

目次

PART 3

外部誘因にハックバックする

PART 4

プリコミットメントで注意散漫を防ぐ

PART 5

職場を集中できる環境にする

PART 6

集中できる子どもの育て方

（誰もが心の栄養を必要とする）

PART 7

互いの集中を邪魔しない関係を築く

重要なお知らせ

本書の読み始める前に、私のウェブサイトから補助資料をダウンロードしてください。このサイトには、無料でダウンロードできる資料や関連情報を掲載しています。下記URLにアクセスしてください。

NirAndFar.com/indistractable-resources/

（＊こちらは英語です。日経BPの本書紹介ページから日本語版PDFファイルをダウンロードできます。URLはhttps://www.nikkeibp.co.jp/atclpubmkt/book/20/P88940/）

最も重要なのは、『最強の集中力　実践ワークブック』を無料でダウンロードできることです。この本で学んだことを実生活で実践するために、本書の章別に練習問題をつくりました。

なお、特に断りを入れていない限り、私は本書で紹介した企業と経済的なつながりはなく、本書で推薦したものは私自身の考えによるもので、広告のためではありません。

私に直接連絡を取りたい方は、私のブログ（NirAndFar.com/Contact）からお願いします。

＊本書に登場する一部の個人は名前を変えています。また、一部の文章は著者ブログNirAndFar.comに掲載ずみのものです。

序章

「ハマる」から「集中力」へ

大手のテクノロジー企業のオフィスを訪れると、必ずと言っていいほど、書棚に一冊の黄色い本が置いてある。実際に私は、フェイスブック、グーグル、ペイパル、スラックでその本を見た。同書は、テクノロジー関連のカンファレンスや企業の研修で配布されたこともある。マイクロソフトに勤める友人によると、CEOのサティア・ナデラは、自社の全社員にその本を薦めたそうだ。

その黄色い本とは、2014年に私が書いた *Hooked: How to Build Habit-Forming Products* のことだ（邦訳は『Hooked ハマるしかけ』翔泳社）。本書執筆時点で同書はウォール・ストリート・ジャーナル・ベストセラーだった。今もアマゾン・ドットコムのランキング上位に入っている。(注1)

Hooked は料理本のようなもので、人間の行動、つまりあなたの行動を、どう料理するかというレシピが書かれている。前述のテクノロジー企業はそのレシピを使って大きな収益を上げている。言うなれば、私たちを「ハマらせる」ことで、彼らのビジネスは成り立っているのだ。

私がそう断言できるのは、世界で大成功を収めている企業が自社製品を魅力的にするためにこぞって活用している「秘密の心理学」を、この10年にわたって研究し、スタンフォード経営大学院とハッソ・プラットナー・デザイン研究所で、未来のエグゼクティブに長年教えてきたからである。

Hooked を執筆しながら私は、新興企業や社会問題の解決に取り組む企業などが、その秘密の心理学を利用してくれることを願っていた。その知識を大手テクノロジー企業に独占させておく理由はない。テレビゲームやソーシャルメディアを魅力的にする心理学を活用して、他の分野でも人々の生活を向上させる製品が設計されるべきだ。

そして実際、*Hooked* が出版されてから、多くの企業がその知識を用いて、ユーザーがより健康的で望ましい習慣を身につけられる製品やサービスを世に送り出した。例えば、フィットネス・アプリの「フィットボッド」は、運動の習慣化を後押しする。バイト・フーズ社は、インターネットとつながった「スマート冷蔵庫」を企業のオフィスに設置して、鮮度が高い地元産の健康的な食品を常時提供している。「カフート!」は、小学校からカレッジまでの授業を楽しくしてくれるクイズアプリだ（私は、「カフート!」と「バイト・フーズ」の手法がとても気に入ったので、両社に出資した）。

企業は、自社製品がユーザーにとって使いやすく、ためになり、良い習慣を育てる助けになることを願っている。企業が自社製品をより魅力的にするのは、悪いことではない。それは自然の流れだ。

だが、そこにはマイナスの側面もある。哲学者のポール・ヴィリリオは「人間は船を発明したと同時に、船の沈没も発明した」と述べたが、確かに、新たなテクノロジーには未知のトラブルがつきものだ。(注2) ユーザー・フレンドリーな製品・サービスについて言えば、使いやすく魅力的と感じるものほど、ついそれに気を取られやすい、という特徴がある。

多くの人は、それらの製品・サービスに気を散らされ、自分の決断さえ左右されているように感じている。実際、現代において、注意散漫をうまくコントロールできなければ、時間を浪費するだけの気晴らしに脳を乗っ取られてしまうだろう。

そこで本書では、まず、私自身がいかに注意散漫に苦しめられ、皮肉にも、気を散らすものに「ハマって」しまったかを話そう。次に、それをどうやって乗り越えたか。さらに、私たちは巨大テクノロジー企業よりはるかにパワフルだということもお伝えしたい。テクノロジー業界の関係者として、私は業界の弱点を知っている。本書であなたもそれを知ることになる。

ありがたいことに、私たちは注意散漫の脅威をかわすユニークな能力を備えている。今すぐ自分の脳を取り戻し、鍛え直そう。何らかの消費者保護規制ができるのを待っている余裕はない。企業が製品を、消費者の気を散らしにくいものにしてくれるまで息を止めて待っていたら、じきに窒息するだろう。

将来、世界の人々は二分される。それは、注意力と人生を他者に管理されて操られる人々と、

「私は気を散らさず、集中できる」という自信を持って生きる人々だ。本書を開いたあなたは、自分の時間と未来をコントロールするための最初の一歩を踏み出した。

しかし、まだスタートしたばかりだ。あなたは何年も、一時的な満足を得ることに慣れきっている。本書の最後のページまで読み通すことを、自分の心を解放するための挑戦と捉えてほしい。

注意散漫を避ける秘訣は、前もって計画することだ。そうすれば、あなたは本当にやりたいことを、思い通りにやり抜けるだろう。本書で掲げたさまざまな戦略とテクニックを身につければ、集中力を意識的に保てるようになり、自分の人生を自分で決めるために、今日から何をすべきかが明確にわかるはずだ。

第1章 あなたのスーパーパワーとは？

私は甘いものが好きで、ソーシャルメディアやテレビも好きだ。しかし、私がどれほど愛していても、それらが報いてくれることはない。それでも私は、食後に甘いものを食べ過ぎたり、テレビ番組を延々と見たり、夜中の2時までネットフリックスで映画を観たりといったことを、ほとんど（あるいはまったく）無意識にやっていた。習慣になっていたのだ。

ジャンクフードの食べ過ぎは体に悪い。デジタル機器の使い過ぎもさまざまな悪影響を及ぼす。私の場合、その悪影響とは、人生で最も大切な人よりも、気晴らしを優先させていたことだ。中でも最悪なのは、娘の信頼を失ったことだ。私たち夫婦にとって、娘はただ一人の子ども、世界一素晴らしい子どもだと言うのに。

ある日、娘と一緒に、親子で楽しむための絵本形式のゲームをしていた。最初のタスクは、互いの好きなものに名前をつけること。二つ目は、その本の1ページを使って飛行機をつくること。三つ目は、次の問いに答えることだった。「スーパーパワーを持てるとしたら、どんなパワーが欲しい?」

これに娘がどう答えたかをお伝えしたいが、それができない。なぜなら私はそこにいなかったからだ。いや、体はそこにいた。しかし心は別の場所にいたからだ。

「パパ! パパってば。パパはどんなスーパーパワーが欲しいの?」と、娘は言った。

「なに?」。私は面倒くさそうに返事をした。

「ちょっと待って。これに返事しないといけないから」

私はスマホに気を取られ、娘の呼びかけを無視した。私の目はスマホの画面に釘づけで、私の指は、その時重要だと思えた何か、後回しにできたはずの何かを打ち込んでいた。娘は押し黙った。私が目を上げた時、そこに娘の姿はなかった。

娘との幸せな時間が台無しになったのは、私がスマホに気を取られたからだ。たいした問題ではないと思われるかもしれないが、そんなことが一度ならず何度も繰り返されていた。

人と過ごしている時に、他のことに心を奪われるのは、私だけではない。本書の草稿に目を通したある男性から聞いた話だが、彼が8歳の娘にどんなスーパーパワーが欲しいかと尋ねたところ、彼女は「動物と話せるようになりたい」と答えた。理由を尋ねると、「パパとママがコンピューターですごく忙しい時に、話し相手が欲しいから」と言ったそうだ。

あの日、私は娘に謝り、自分のありようを変えるべき時だと悟った。そして当初は極端な方向へ走った。すべてテクノロジーのせいだと思い込んで、「デジタル・デトックス」を試みたのだ。まず、スマホをやめて、旧式の折り畳み式携帯電話を使い始めた。メールやインスタグラム、ツイッターができないようにするためだ。しかし、GPSも、カレンダーアプリに保存した住所もない状態で、あちこちへ出かけるのは難しかった。歩きながらオーディオブックを聴くこともできないし、他の便利な機能も使えない。どうにも不便でならなかった。

また、オンラインニュースに時間をとられないよう、紙の新聞を購読することにした。しかし、数週間後、テレビでニュースを見る私の傍らに、読んでいない新聞が山積みになっていた。加えて、執筆中に気を散らさないよう、インターネットにつながらない1990年代のワード・プロセッサーを購入した。ところが、執筆しようと腰を下ろしても、すぐ本棚に目が行き、仕事とは関係のない本を取り出してパラパラめくりだす。注意散漫の原因と見なしていたハイテク製品が身の回りになくても、一向に集中できなかった。

オンライン・テクノロジーを排除しても効果はなかった。それらに代わって気を散らすものを、私はすぐに見つけた。

望み通りの人生を送るには、正しい行動をとるだけではだめで、悪い行動をやめることも必要だとつくづく思った。誰でも、ケーキばかり食べているとウエストラインに悪影響が出ることは知っている。また、ソーシャルメディアのつぶやきを無目的にスクロールして読み続けても、本物の友人と過ごす時のような豊かな気分になれないこともわかっている。さらには、仕事の生産性を上げたければ、時間の無駄遣いをやめて、実際に仕事をすべきだということも重々承知している。そう、何をすべきかを知っているのだ。知らないのは、どうすれば気を散らさずにいられるかということだ。

私は本書のために5年にわたって調査し、会得した科学に裏づけられた方法を生活に取り入れた。すると以前より生産性が上がり、身体も精神も強健になり、夜はぐっすり眠れるようになった。今では人間関係もかつてないほど充実している。本書は、私が21世紀において最も重要なスキルを身につける過程で学んだことの記録だ。つまり、私がどうやって集中できるようになったか、どうすればあなたもそうなれるかが書かれている。

最初のステップは、注意散漫の発端が自分の内面にあることへの理解から始まる。パート1では、注意散漫をもたらす不快な心理を特定し、それをコントロールする方法を学ぶ。もっとも、マインドフルネスや瞑想といった使い古されたテクニックを勧めるつもりはない。これらの方法は一部の人々には有効だが、すでにうんざりするほど説かれてきた。あなたが本書を読んでいるのは、私と同様に、こうした方法をすでに試し、効果がなかったからではないだろうか。代わりに本書では、私たちの行動の真の動機を見直し、時間の管理が苦痛の管理であることを学ぶ。また、どんな仕事も楽しくする方法についても探る。もっとも、メアリー・ポピンズ流に「スプーン一杯の砂糖を加える」のではなく、集中する能力を高めることで、いつもの仕事がずっと楽しくなる方法を提示する。

パート2では、本当にやりたいことのための時間をつくる大切さに目を向ける。「集中したいこと」が何かがわからなければ、「気を散らすもの」が何かも特定できない。ここでは、目的に沿って時間の使い方を計画することを学ぶ。ネットで有名人のスキャンダルを追ったとしても、官能的なロマンス小説を読んだとしても、前もって時間を無駄使いしようと決めていたのであれば、それは時間の浪費ではない。(注1)

パート3では、生産性を妨げ、幸福感を損なう外部誘因について掘り下げていく。テクノロジー企業はスマホの通知音を使って私たちの生活に侵入しようとするが、外部誘因になるのはデジタル機器だけではない。見れば必ず食べたくなる台所の戸棚の中のクッキーから、差し迫ったプロジェクトの遂行を妨害するおしゃべりな同僚まで、外部誘因は私たちの周囲にあふれている。

パート4では、注意散漫にならないための究極の答えが明かされる。それは、事前の契約(プリコミットメント)をすることだ。外部誘因を取り除くことには、気を散らすものを追い出す効果があるが、プリコミットメントには、自分をコントロールする効果がある。プリコミットメントすることで、するつもりだと言ったことを確実に実行できるようになる。このパートでは、注意散漫という現代の難問に対して、プリコミットメントという昔ながらの方法を用いる。

最後の三つのパートでは、職場を集中できる環境にする方法、集中力のある子どもの育て方、注意散漫にならない人間関係の育み方について、詳細に見ていく。これらの章では、生産性を向上させ、友人や家族ともっと満足できる関係を築き、より良い恋人や夫婦になるための方法を示す。すべては、注意散漫を克服することでかなえられる。

集中力を維持するための前半の四つのパートは、好きなところだけ読んでもかまわないが、パート1からパート4へと順番に読むことをお勧めする。なぜなら、各ステップは互いに支え合っていて、最初のステップが最も基本的な土台になっているからだ。

もっとも、あなたが実例から学ぶことが好きで、これらの戦略に効果があることを真っ先に確かめたいのであれば、まずパート5に目を通し、それから最初に戻って、パート1からパート4へと詳しい解説を読むといいだろう。また、すべてのテクニックを今すぐ用いる必要はない。あなたの現状にそぐわないものや、将来、状況が変わって、初めて役立つものもあるかもしれない。それでも、本書を読み通せば、注意散漫を防ぐ画期的で決定的な方法をいくつも見いだせるはずだ。

計画通りにやり遂げることの威力を想像してみよう。仕事の効率はどのくらい上がり、家族と過ごしたり自分の好きなことをしたりする時間がどれほど増えるか。そうなれば、どれほど幸せか。

集中力を保つというスーパーパワーを身につけると、あなたの人生は劇的に変わる。

この章のポイント Remember This

- 私たちは注意散漫を避ける方法を学ばなければならない。望み通りの人生を送るには、正しい行動をとるだけではだめで、後悔するような行動をやめることも重要だ。
- 問題の原因はテクノロジーだけではない。注意散漫にならないというのは、テクノロジーに背を向けることではない。自分のためにならないことをしてしまう本当の理由を理解しよう。
- 必勝法。四つの重要な戦略を知り、実行すれば、集中を保てるようになる。

第2章

集中を維持する

ギリシア神話には、永遠に心を掻き乱される男が登場する。彼の名、タンタロスにちなんで、欲しくても得られないことを「じれったい」と表現する。神々を怒らせたタンタロスは、父神ゼウスによって地獄に落とされた。[注1] 気がつくと、タンタロスは湖の上に枝を広げる果樹に縛りつけられていた。体は水に浸かり、頭上に垂れ下がる枝には、果実がたわわに実っている。一見、緩やかな罰に思えるが、タンタロスが果実をもごうとすると、枝が遠ざかって、わずかに手が届かない。前かがみになって冷たい水を飲もうとすると、水がひいて、喉の渇きを癒やせない。タンタロスに下された罰は、永遠に得られないものを焦がれることだった。

人間のありようを見事に表すこのストーリーを思いついた古代ギリシア人には頭が下がる。より多くのお金、より多くの経験と知識、より高い地位、より多くの物、といった具合に、私たちは常に何かを欲しがっている。古代ギリシア人はそれを、誤りを犯しやすい人間にかけられた呪いと見なし、このたとえ話で、人間の果てしない欲望を表現した。

集中と注意散漫

1日にあなたが行うすべてのことの価値を、一本のラインで表してみよう。右に行くほどその活動はあなたにとってプラスになり、左に行くほどマイナスになる。

タンタロスの苦悶——永遠に求め続ける(注2)

このラインの右側には「トラクション」があり、これは「引く」という意味のラテン語「trahere」に由来する。トラクションは、望ましい方向へと私たちを引き寄せる力、大事なことに私たちを集中させる力、と見なせる。一方、左側には、トラクションとは逆の、「ディストラクション」がある。同じラテン語から派生したこの言葉は、「気を散らす、注意散漫」という意味だ。(注3)注意散漫(ディストラクション)は、私たちが望ましい人生を歩もうとするのを阻む。すべての行動は、集中(トラクション)に向かうものも、注意散漫(ディストラクション)に向かうものも、内部誘因か外部誘因によって促される。

内部誘因は、私たちの内側から行動を促す。おなかがグーグー鳴るのを感じたら、私たちはおやつを探す。

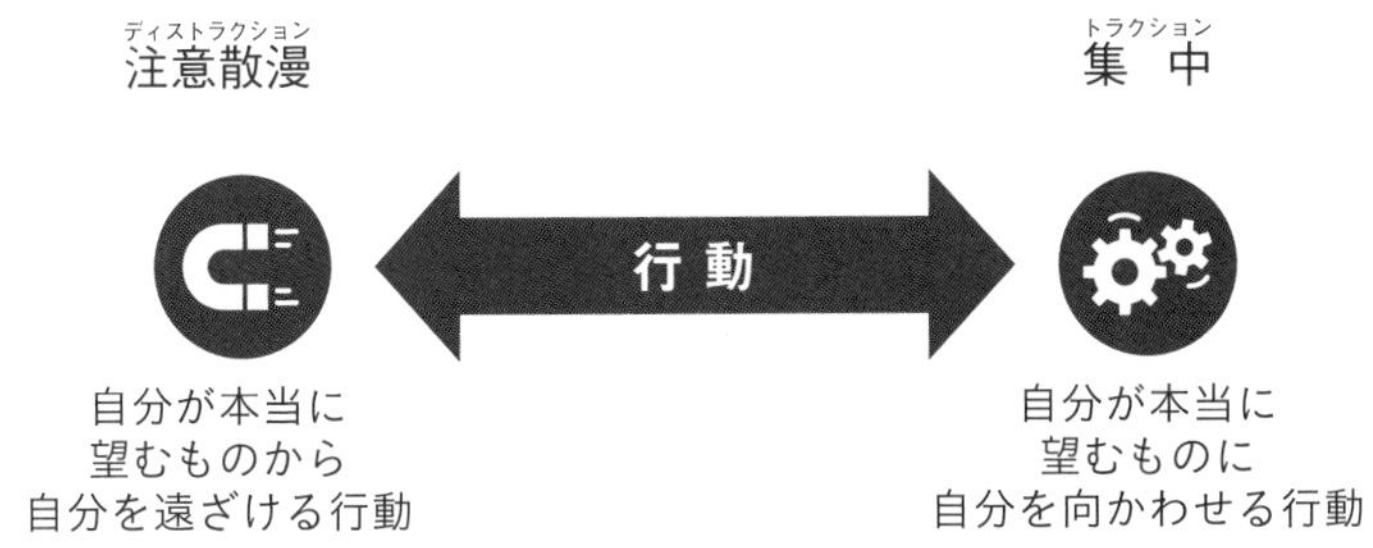

寒さを感じたら、暖かなコートを探す。そして悲しかったり寂しかったり、ストレスを感じたりしたら、助けを求めて友人や愛する人に電話をかけるだろう。

一方、外部誘因は、外から行動を促す。メールの着信音やアラート機能、電話の呼び出し音などがそれに当たる。自分の仕事場に立ち寄る同僚など、人間が外部誘因になることもあり、そこにあるだけでスイッチを入れたくなるテレビのような「物体」も、外部誘因になる。

内外からの誘因は、集中（トラクション）をもたらすこともあれば、注意散漫（ディストラクション）をもたらすこともある。集中は目標の達成を助け、注意散漫は、私たちを目標から遠ざける。当然ながら問題は、現代社会が注意散漫の原因にあふれていることだ。気がつくと、私たちはスマートフォンにつながれていた。しかし、スマホは、つい最近登場した注意散漫の原因にすぎない。テレビは、発明されてからずっと、見るとバカになると批判されてきた。（注4）テレビ以前は電話とマンガとラジオが批判され、ソクラテスの時代には、言葉を書き記すことさえ、「学ぶ者の精神に忘却を引き起こす」と非難されたそうだ。[注5] 今日の刺激に比べればずいぶん生ぬるいが、いつの世も、日々の生活には注意散漫を招くものが存在した。

とはいえ、現代の状況はその比ではない。大量の情報、そのスピーディーな伝達、そして、どこにいてもデバイスさえあれば新しい情報が得られること、この三つが注意散漫の元凶になっている。現在、気晴らしは、かつてないほど簡単に見つけられるようになった。

こうした注意散漫の代償は何だろうか。1971年、心理学者のハーバート・A・サイモンはそれを予知してこう述べた。「情報の豊かさは、別のものの欠如を意味する……すなわち、注意力の欠如である」[注6]

注意力と集中力は人間の創造性と繁栄の源だと、研究者たちは説く。[注7] オートメーション化が進む現代にあって、最も求められているのは、問題を創造的に解決し、あるいは新たな解決策を生み出し、面前の仕事に集中して独創的な考えや方法を編み出せる人材だ。

また、親しい友人を持つことは、心と体の健康の基盤であることがわかっている。研究者たちは、健康にとって孤独は肥満より危険だ、と言う。[注8] だが当然ながら、常に注意散漫になっていたら、親しい友人関係を育むことはできない。

自分の子どもについて考えてみよう。何かに打ち込むことができない子どもが、何らかの才能を開花させることができるだろうか。それなのに、私たち親が常に画面に釘づけになり、愛する子どもより目先の物に心を奪われていたら、子どもにどんな手本を示せるだろう。

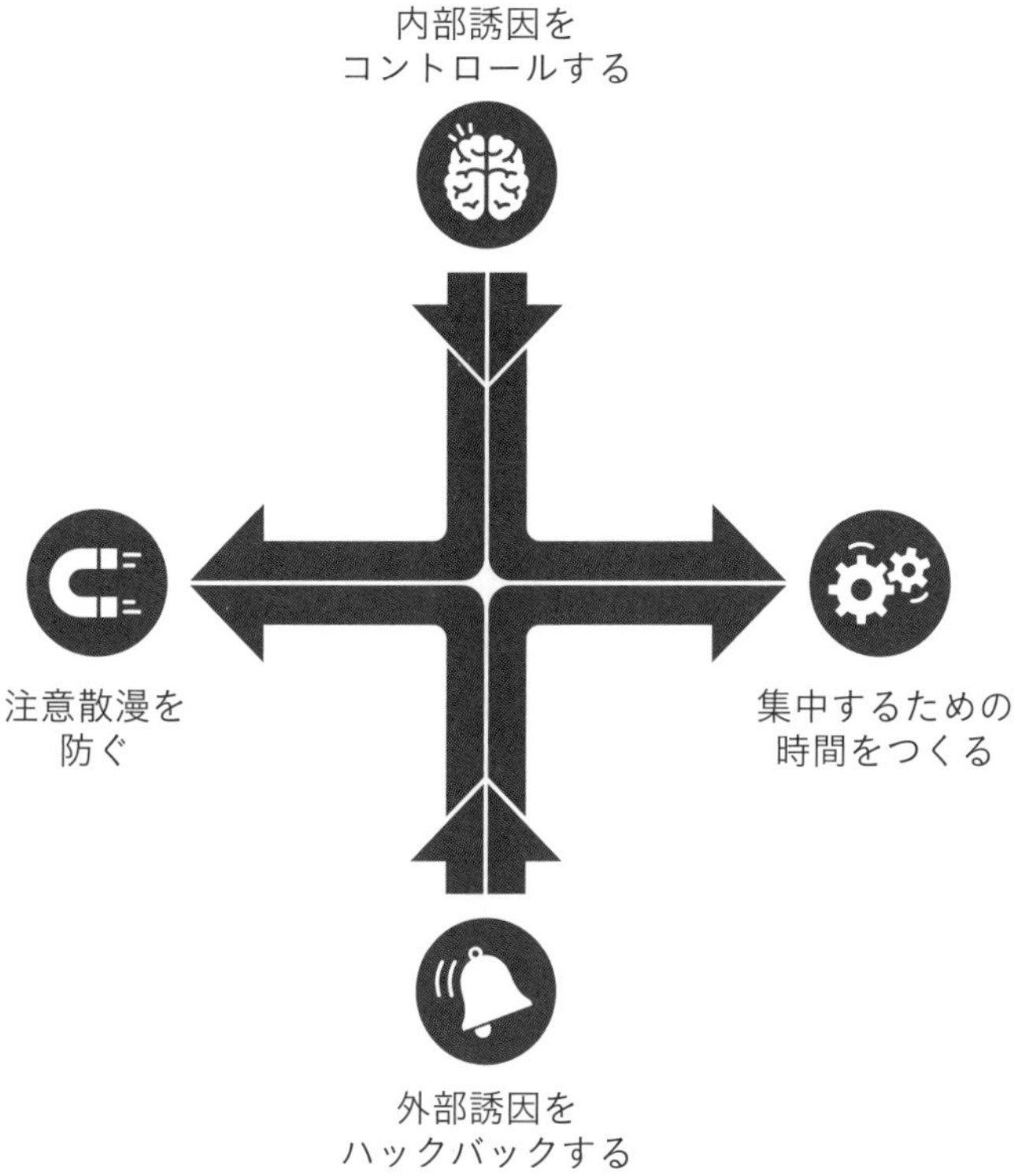

内部誘因を
コントロールする

注意散漫を
防ぐ

集中するための
時間をつくる

外部誘因を
ハックバックする

ここでもう一度、タンタロスの物語に思いを馳せよう。彼に下された罰とは、突き詰めれば何だったのか。終わることのない飢えと渇きだろうか。そうではない。タンタロスが追い求めるのをやめたら、どうなっただろうか。結局のところ彼はすでに死んでいて、地獄にいる。当然、死んだ人は食べ物も水も必要としない。

この罰の本質は、タンタロスが手の届かないものを永遠に求め続けることではなく、彼が自分の行為の愚かさに気づかないところにある。それらが不要であることに気づかないことこそ、タンタロスの苦悶の原因だった。それがこの物語の真の教訓だ。

タンタロスの苦悶は、私たちの苦悶でもある。私たちは、必要なように思えて実は必要のないものを、追い求めることを強いられている。そうしなければならないと思えても、今すぐメールをチェックする必要はないし、最新ニュースを読む必要もない。

幸い、タンタロスと違って私たちは、自らの欲望を一歩離れたところから見て、それが何であるかを理解し、対処することができる。私たちは企業に、より良い製品、より便利な革新を求めるが、それらが自分たちにとって本当に良いものかどうかを常に自問しなければならない。注意散漫はいつの世にも起きている。それをコントロールするのは私たちの責務だ。

注意散漫にならないとは、やると言ったことを実行しようと努力することだ。
注意散漫でない人は、他者に対しても自分に対しても誠実だ。

仕事と家族と、体と心の健康を大切にしたいのなら、どうすれば注意散漫にならずにいられるかを学ぶ必要がある。4段階の「集中モデル」は、この世界を新たな視点から見て関わるためのツールだ。それは、注意力をコントロールして人生を選択するための地図になるだろう。

この章のポイント Remember This

- ●注意散漫（ディストラクション）はあなたの目標達成を妨げる。それは、自分が本当に求めているものからあなたを引き離す、あらゆる行動である。
- ●集中（トラクション）はあなたを目標に近づける。それは、自分が本当に求めている方向へあなたを向かわせる、あらゆる行動である。
- ●誘因は、集中と注意散漫のどちらも誘発する。外部誘因は、外からの刺激によって行動を駆り立てる。内部誘因は、内在する刺激によって行動を駆り立てる。

4段階の集中モデル

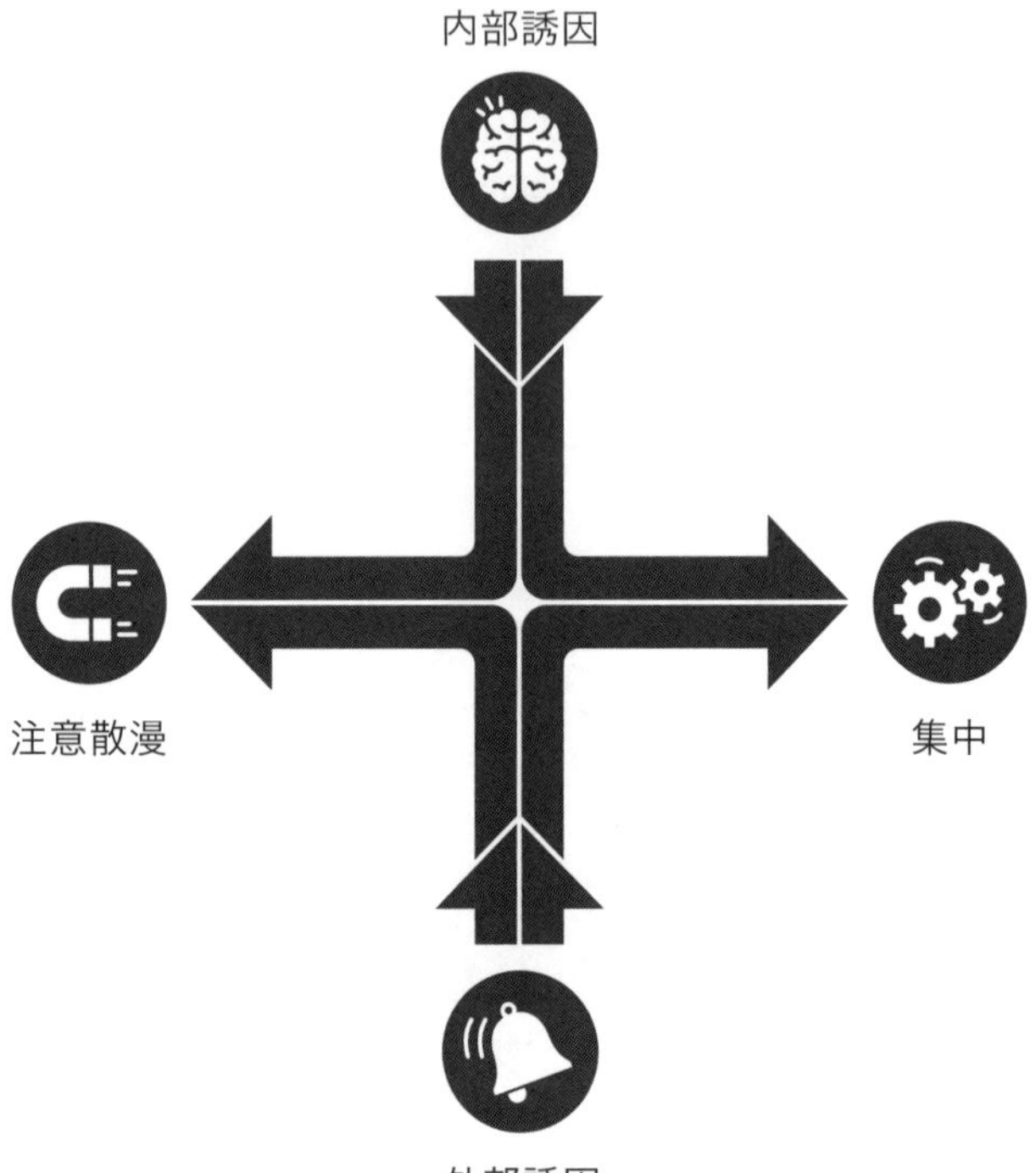

PART 1

内部誘因をコントロールする

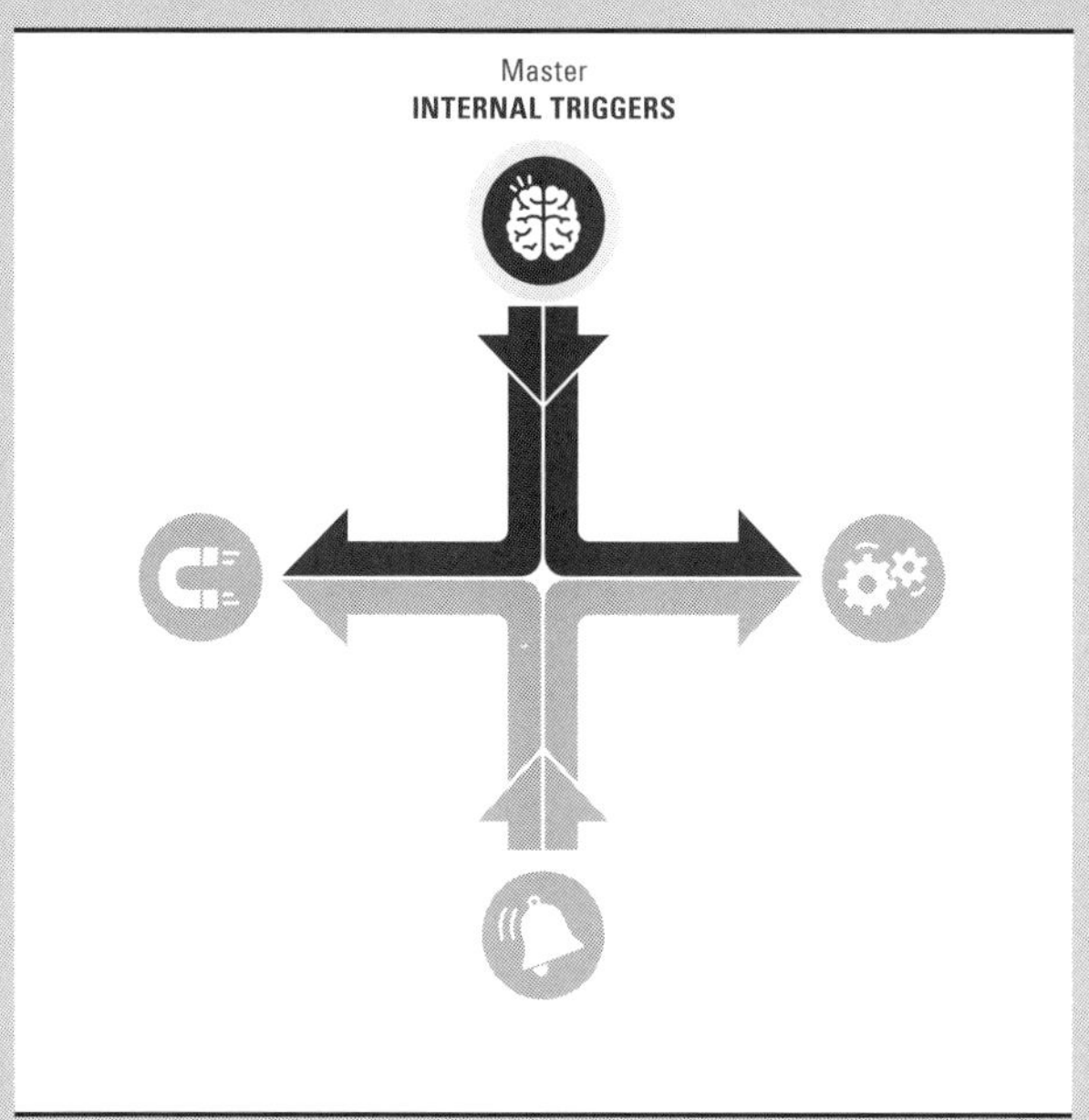

第3章

何が私たちを駆り立てるのか

ハーバード大学で博士号を取得し、イェール大学経営大学院で教授を務めるゾーイ・チャンスは、ＴＥＤｘの聴衆の前で衝撃的な告白をした。「今日、ここへ来たのは、私の苦闘の物語の詳細を初めてお伝えするためです。２０１２年３月……私はあるデバイスを購入しました。以来、それは徐々に私の人生を破壊し始めたのです[注1]」

チャンスは同大学院で、消費者の行動を変える秘訣を、未来のエグゼクティブたちに教えていた。講座名は「影響力と説得力を自在に操る」だが、その日彼女は、自らが操られてしまったことを告白した。個人的な実験として始めたものにズルズルとハマり、抜け出せなくなったのである。

チャンスは、自身が教えていた説得のテクニックを駆使した製品を、偶然見つけた。彼女は私にこう語る。「私たちはこう言いました。『ああ、これは素晴らしい。つくった人たちは天才ね。思いつく限りのモチベーション・ツールを全部使っている』と[注2]」

当然ながら、チャンスはそれを自分で試さなければならないと考え、実験の最初の被験者になることにした。その製品が自分の心と体をどのように操るかは知るすべもなかった。「本当に、本当に、やめられませんでした。そのうえ、それが問題だと気づくまでにずいぶん長くかかりました」と、彼女は当時を振り返る。

長く気づかなかった理由は容易に理解できる。彼女が依存するようになったのは、処方薬でも、街角で売られている麻薬でもない。それは歩数計だった。具体的には、シリコンバレーの新興企業ストライブ（Striiv）がつくった「ストライブスマート歩数計」だ。しかし、ストライブは並の歩数計ではない。彼女は言う。「その謳い文句は『ポケットの中の専任トレーナー』ですが、とんでもない！　これは、ポケットの中の悪魔ですよ！」

ストライブ社は、元テレビゲーム・デザイナーが設立しただけあって、行動デザインという戦略を用いて、ユーザーの運動量を増やそうとする。ユーザーは、歩いてポイントを貯めるだけでなく、課題を与えられ、他のプレーヤーと競争して、その結果がランキングで表示される。また、この歩数計はスマホのアプリ「マイランド」（テーマパーク育成ゲーム）と連携しており、自分の歩数を、バーチャルなテーマパークを創るためのポイントと交換できる。

これらの巧妙な仕組みは、明らかにチャンスに魔法をかけた。気がつくと彼女は、歩数とポイントを貯めるために、絶えず行ったり来たりするようになっていた。「家では、食事中も、読書中も、夫が話しかけてくる時もずっと、居間とキッチンとダイニングルームの間を行ったり来たりしていた」

残念ながら、こうしたウォーキング、つまりその大半を占める家の中の「行ったり来たり」は、悪影響を及ぼすようになった。彼女は次第に、家族や友人と過ごす時間がとれなくなった。「唯一親しくなれたのは同僚のアーネストで、彼もストライブを持っていました。だから彼とは、目標を決めて、競い合うことができた」と明かす。

彼女は次第に取り憑かれたようになっていった。「記録表をつくりました。といっても、運動のためではなく、ストライブのデバイス上に存在するバーチャルな世界のバーチャルな取引を、できるだけ効率的にして、追跡するためです」。このようなストライブへの執着は、仕事や他の重要なことをする時間を彼女から奪っただけではなく、体にも害を及ぼし始めた。「当時は、1日に2万4000歩も歩いていました」

特によく歩いた日のことを、彼女は回想する。夜遅くに、ストライブから魅力的な提案があった。「真夜中のことでした。歯を磨いていて、その後すぐ寝るつもりだったのですが、ふいに課題が画面に表示されたのです。『階段を20段上がるだけで、ポイント3倍プレゼント！』」。地下室まで2往復すれば、ほんの1分でこの課題をこなせることに気づき、さっそく実行した。すると今度は、あと40段で3倍ポイント、というメッセージが届いた。「もちろん、やるわ！おトクね」。迷うことなく、階段をさらに2往復した。

しかし、この絶え間ないウォーキングはそこで終わらなかった。それから2時間、つまり、深夜0時から2時まで、何かに心を支配されたかのように、地下室までの階段を往復し続けた。そしてようやく立ち止まった時、2000段以上、階段を上ったことに気づいた。エンパイア・ステート・ビルの一番上まで（1872段）を超える数だ。彼女は、夜中に階段を上り下りしながら、やめることができないと感じていた。ストライブスマート歩数計に取り憑かれて、フィットネス・ゾンビに化していたのだ。

チャンスの事例は、表面的には、歩数計のような健康に良いと思えるものでも有害な気晴らしに変貌することがある典型例のように思える。しかし、彼女が奇妙にも歩数計に取り憑かれたことを知った私は、彼女を駆り立てた真の原因が何だったのかを正確に知りたくなった。

何百年もの間、動機は報酬と懲罰によって生じると信じられてきた。イギリスの哲学者で功利主義の創始者ジェレミー・ベンサムは、「自然は人間を、苦痛と快楽という二人の王の支配下に置いた」と述べた。(注3) だが、実のところ動機は、従来考えられていたほどには、快楽と結びついていない。

自分では快楽を追い求めていると思う時でさえ、
渇望の痛みから解放されたいという欲求に突き動かされている。

古代ギリシアの哲学者エピクロスは、それをうまく言い表した。「私たちは、体の痛みと魂の苦悩が消えることを喜びと呼ぶ[注4]」

> つまり、苦痛を和らげたいという衝動が、行動の根本的な原因であり、他のすべては表面的な原因なのだ。

ビリヤードについて考えてみよう。的球がポケットに入っていくそもそもの原因は何か。白球か、キュー・スティックか、プレーヤーの動作だろうか。手球とキューは必要だが、根本的な原因はプレーヤーだ。手球とキューは表面的な原因にすぎない[注5]。

一方、人生というゲームでは、物事の根本的な原因を見抜くのは難しい。例えば、昇進を逃せば、自分の能力や独創性のなさを反省するのではなく、狡猾な同僚に出し抜かれた、と逆恨みし、連れ合いと喧嘩になれば、長年にわたって解決できていない問題には気づかず、ささいな衝突（トイレの便座が上げっぱなし、といったこと）のせいにするかもしれない。国家間の衝突でも、背後にある根深い原因を見ようとせず、政治やイデオロギー上の対立のせいにしがちだ。

こうした表面的な原因には共通点がある。それは、責任転嫁しやすいことだ。手球とキュー、狡猾な同僚やトイレの便座といった表面的な原因は、まったく無関係というわけではないが、結果に全面的な責任を負うものではない。それらの陰に隠れた根本的な原因を突き止め、その解決に取り組まなければ、自分が生み出した悲劇からいつまでも抜け出せないだろう。

注意散漫についても同じことが言える。私たちがその原因だと思っているものは、表面的な原因にすぎず、本当の原因はもっと深いところに潜んでいる。気が散るのは、テレビやジャンクフード、ソーシャルメディア、タバコ、テレビゲームなどのせいだと考えがちだが、これらはすべて表面的な原因にすぎない。

> 階段の上りすぎは、歩数計だけのせいではない。
> 同様に、注意散漫はスマホだけのせいではない。

根本的な原因と向き合わない限り、注意散漫は治らない。結局のところ問題は、注意散漫そのものではなく、根本的原因にどう対処するか、である。

私と何度もメールをやり取りした後、チャンスは、自分が極端な行動に走った本当の理由を教えてくれた。それはＴＥＤｘの講演では明かさなかったことだ。「歩数計にのめり込んでいた頃、私は人生最大と言えるほどのストレスを抱えていました」と彼女は言う。(注6)「私はマーケティングの新人教授としての職を何カ月も探していて、心が不安定で、非常につらい時期でした。求職中の学者がストレスのせいで体を壊すのは珍しいことではないんです。私も髪の毛が抜け、不眠になり、動悸にも悩まされ、気が狂いそうでしたが、誰にも知られてはいけないと思っていました」

彼女は夫との関係についても密かに悩んでいた。夫もマーケティング分野の教授だったので、同居して共働きするには、夫の大学に彼女がポストを見つけるか、夫婦揃って別の大学に勤めるかしかなかった。「けれども、どの大学でもマーケティング部門の規模は小さいので、二人揃って雇ってもらう可能性はきわめて低かった」

さらに厄介なことに、結婚生活は破綻しかけていた。「夫とうまくやっていけるかどうか、わかりませんでした。最善のシナリオは、夫婦の問題が解決して、私が夫の大学で職を見つけることでしたから、離婚の可能性があることは夫の職場の誰にも知られたくなかった。知られたら、ポストをもらう可能性が消えるからです」

彼女は行き詰まっていた。「どう頑張っても、結婚生活も仕事もうまくいく保証はないと、悟りました。後から思えばストライブは、努力すれば達成できるものを私に与えてくれたのです」。人生最大の危機を迎えていたその時期に、ストレスを発散する手段としてストライブを利用したと彼女は言い、「一種の現実逃避でした」と認める。

大半の人は、気晴らしが現実からの不健全な逃避だという不愉快な事実を認めたがらない。しかし、不快な内部誘因にどう対処するかで、何かに健全に集中できるか、それとも、自分を欺く気晴らしに走るかが決まる。

チャンスにとってストライブのポイントを獲得することは、つらい現実からの逃げ場になった。人によっては、ソーシャルメディアをチェックすることや、職場で時間をつぶすことや、テレビを観ることが逃げ場になる。中には、酒や麻薬に逃げる人もいるだろう。

もしあなたが、離婚のような深刻な問題がもたらす苦痛から逃れようとしているのなら、真の問題は歩数計ではない。根本的な苦痛と向き合わなければ、次から次へと気晴らしに頼り続けることになるだろう。

> 痛みを理解して初めて、それをコントロールし、マイナスの衝動に、より適切に対処できるようになる。

幸い、チャンスはより適切に対処できるようになった。まず、自分が逃れようとしていた内部誘因に焦点を絞り、不快感の原因を突き止めた。結局、夫とは別れたが、今でははるかに良い人生を送っていると言う。仕事では、イェール大学に常勤のポストを得て、今もそこで教えている。また彼女は、健康を維持し、時間を有効に使うためのより良い方法を見つけた。それは歩数計に自分を支配させるのではなく、定期的な運動をスケジュールに組み込むことだ。

歩数計への依存を克服したことは、チャンスにとって前進だったが、今後の人生で、何か別のものに気晴らしを求める可能性はある。しかし、そうなっても今度は、表面的な原因ではなく、根本的な原因に焦点を当てることで、もっと適切に真の問題に取り組むことができるだろう。あなたがこのセクションで学ぶ戦略と技術は、どちらも直ちに、そして長期的に、効果を発揮するはずだ。

この章のポイント Remember This

- 気晴らしへの依存の原因を突き止めよう。根本的原因はデバイスではない。表面的原因と根本的原因を区別しよう。
- あらゆる動機は、不快なことから逃れたいという欲求である。ある行動が安心をもたらすことを知ると、往々にして、それを苦痛から逃れるツールとして使い続けてしまいがちだ。
- 不安を鎮めるものは、依存をもたらすかもしれないが、依存は抑制できる。ある行動に駆り立てるものの正体がわかれば、依存をコントロールできる。

第4章

時間の管理は苦痛の管理

当初私は、注意散漫の影にある不都合な真実を認めたくなかったが、科学論文を熟読した結果、別のものに気持ちを向けたいという人間本来の欲求を直視せざるを得なくなった。注意散漫はあらゆる行動と同じく、脳が苦痛に対処する方法の一つにすぎない。この事実を受け入れれば、注意散漫を避けるには、不快なことへの対処法を身につけるしかないことがわかる。

> 注意散漫は時間を浪費させる。
> 時間を管理することは苦痛を管理することだ。

私たちの苦痛はどこから来るのか。なぜ私たちは、常に不安と不満を抱えているのだろうか。現在は人類史上、最も安全で健康的で民主的で、教育が行き届いた時代だというのに(注1)、私たちは常に心の中で起きていることから逃れようとする。18世紀の詩人サミュエル・ジョンソンが言ったように、「人生は自分から逃れようとする長い旅にすぎない」(注2)。私もそうだ。まったく同感である。

幸い私の場合、この種の自分に対する不満は生来のものだとわかっているので気は楽だが、あなたも私も人生に満足することは決してない。たまに満足することはある。たまに得られる陶酔感？ それもある。時々、下着一枚でファレル・ウィリアムスの『ハッピー』を歌ったりする？ 誰だって、時にはそのくらいハッピーな気分になるものだ。だが、映画に出てくるような「末永く幸せに暮らしました」といった類いの満足感はどうだろうか。そんなものは忘れたほうがいい。それはつくり話にすぎず、幸せは長続きしない。なぜなら、長年におよぶ進化の結果、人間の脳は、ほぼいつでも欲求不満を感じるようになっているからだ。

そうなった背景には単純な理由がある。レビュー・オブ・ジェネラル・サイコロジー誌に掲載された研究が述べるように、「もし満足と幸福感が永久に続けば、さらなる利益や進歩を求めようとする意欲はほとんど湧かなかっただろう」(注3)。言い換えれば、満足することは、人類にとって良いことではなかった。私たちの祖先が懸命に働き、努力し続けたのは、進化によって常に不安を感じるようになっていたからであり、そのおかげで私たちは今も生きていられる。

だが、あいにくなことに、私たちの祖先を懸命に働くように駆り立て、生き延びさせた進化の仕組みが、今では、時として私たちを苦しめるようになった。

四つの心理的要因が、幸福感を一時的なものにする。

一つ目の要因から始めよう。それは「退屈」だ。人は、退屈を避けるために、場合によっては文字通りショッキングなことまでやってのける。2014年にサイエンス誌に掲載された研究では、被験者に部屋の中で座って15分間考えることを求めた。(注4) 部屋は空っぽだったが、唯一、自分で自分を感電させる装置が置かれていた。軽い感電だが、痛みが伴う。「いったい誰がそんな物を使うのだろうか?」とあなたは思うはずだ。

実験前にそれを使うかどうか尋ねると、被験者は皆、金を払ってでも使わない、と答えた。しかし、その装置しかない部屋に一人残され、ほかに何もすることがないと、男性の67パーセント、女性の25パーセントが自ら感電し、しかも多くの人は何回もそれを繰り返した。論文の著者たちはこう結論づけた。「人は思索より行動を好む。たとえその行動がきわめて不快で、通常なら金を払ってでも避けることであっても。人は一般に孤独な状況を好まない」。そういうわけなので、アクセス数の多いウェブサイトの大半が、ショッピングや有名人のゴシップといった、退屈な仕事から逃げるための刺激を売り物にしているのは驚くに当たらない。(注5)

幸福感を長続きさせない二つ目の要因は「ネガティブ・バイアス」、つまり「ポジティブもしくはニュートラルな出来事より、ネガティブな出来事に敏感で、より注意を向けやすい」ことだ。[注6] 研究者は、「悪い情報のほうが良い情報よりインパクトが強いというのは、心理学の世界では基本的な事実」[注7] と考えている。このような悲観的傾向は人生のごく初期から始まる。生後7カ月ほどの赤ちゃんがすでにネガティブ・バイアスの兆候を示すことから、この傾向は生来のものと思われる。[注8] 加えて、人間は良い出来事より悪い出来事を思い出しやすいと研究者たちは考えている。いくつかの研究により、人は、全般的に幸せに育ったと語っていても、幼い頃の不幸せな瞬間を思い出しやすいことがわかっている。[注9]

このネガティブ・バイアスも、進化の途上で人類にプラスに働いたのは確かだ。良い出来事はただ良いだけだが、悪い出来事は自分の死につながりかねない。だから人類は、悪い出来事に注意を向け、それを記憶する。役立つが、つらい宿命だ。

幸福感を長続きさせない三つ目の要因は、「反芻思考」、つまりネガティブな出来事について考え続ける傾向だ。自分のしたことや誰かにされたこと、あるいは、やりたかったのにできなかったことが頭から離れず、そのことばかり考えてしまう経験が誰にでもあるが、心理学者はそれを「反芻思考」と呼ぶ。この「自分の現状と、実現しなかった基準との受動的な比較」は、「私はなぜ、もっと上手に物事に対処できないのか?」という自己批判的な思考として表面化しがちだ。[注10] そして、ある研究が指摘するように、「うまくいかなかったことを何度も思い出し、どうすればそうならないかを熟考することで、失敗の原因や、それを避けるための戦略を見いだし、最終的に、失敗を繰り返さず、よりうまく生きられるようになる」[注11]。確かにこれも有益な特性だが、そのせいで惨めな思いをすることもある。

退屈、ネガティブ・バイアス、反芻思考はそれぞれ、私たちが満足することを妨げる。しかし、これから示す四つ目の要因は、最も残酷かもしれない。それは「快楽順応」だ。何か良いことが起きても、それによる幸福感は長続きしない。言うなれば、母なる自然による「おとり商法」だ。あれさえあれば、ああなれば幸せになれる、と私たちは考えがちだが、実際にそれを得たり、達成したりしても、幸せにはなれない。少なくとも幸福感は長く続かない。

例えば、宝くじに当選するという極端な幸運を経験した人は、以前は楽しめたものが楽しめなくなり、幸福感は実質的に以前のレベルに戻ってしまったという研究報告がある。[注12] デイヴィッド・マイヤーズが『しあわせの追求（*The Pursuit of Happiness*）』の中で書いているように、「情熱的な恋愛、精神の高揚、何かを得たことによる喜び、成功がもたらす興奮といった経験は、すべて一過性だ[注13]」。もちろん、他の三つの要因と同じく、快楽順応にも進化上の利点がある。それは、ある研究者が述べているように、「人は、そのような努力は無駄だということに気づかないまま、常に新たな目標を掲げ、幸せになろうと努力し続ける」からだ。[注14]

となれば、私たちはどう頑張っても、幸せになれないのだろうか？　そんなことは決してない。すでに学んできたように、不満は私たちが生来持っている力であり、有史以前の先祖と同じく、私たちはそれを利用して、人生を良い方向に向けることができる。

不満と不安は脳のデフォルト状態を支配するが、
それらに打ちのめされるのではなく、
それらを利用して、自らを動機づけることができる。

もし人類が不安を感じやすい性質でなければ、私たちはもっと困ったことになっていた。というより、恐らく絶滅していただろう。私たちは、不安や不満に駆り立てられて、狩りや探索から創作や順応まで、ありとあらゆることを行っている。誰かを助けるといった無欲な行動でさえ、罪悪感や不公平感から逃れたいとの思いが動機になる。より多くを得たいという飽くなき欲求があればこそ、独裁者を倒し、世界を変える技術や命を救う技術を発明しようとし、地球の探検だけでは飽き足らず宇宙探検の夢を抱くようになったのだ。

人類は不満ゆえに進歩し、不満ゆえに過ちを犯す。不満の力を役立てるには、幸せでなければ正常でない、という間違った考えを捨てなければならない。真実は逆だ。この考え方にシフトすることに違和感を覚える人がいるかもしれないが、この思考の転換によって私たちは大いに自由になれる。

不満を抱くのは悪いことではない、と知るのは良いことだ。
不満は、適者生存という掟（おきて）の産物である。

不満を受け入れることで、陥りがちな心理的な落とし穴を避けることができる。苦痛を認識し、それを乗り越える。それこそが注意散漫を防ぐ第一歩だ。

この章のポイント Remember This

- 時間の管理は苦痛の管理である。注意散漫は私たちの時間を奪う。すべての行動と同様に、その背後には、苦痛から逃れたいという欲求がある。
- 進化は満足より不満足を好む。退屈、ネガティブ・バイアス、反芻思考、快楽順応のせいで、私たちは長く満足し続けることができない。
- 不満は人類を進歩させたが、同時に過ちも犯させた。不満を抱きがちなのは、人間本来の性質であり、それをうまく利用すれば、人生を好転させられる。
- 注意散漫をコントロールするには、不満の扱い方を学ばなければならない。

第5章 内側から生じる注意散漫に対処する

シアトルにあるフレッドハッチンソンがん研究所の心理学者ジョナサン・ブリッカーは、キャリアを通じて、注意散漫だけでなく病気の原因になりかねない不満の扱い方を人々に教えてきた。ブリッカーが行った研究は、行動を変えるとがんのリスクが下がることを証明してきた。「ほとんどの人は、がんを行動の問題とは考えていないが、禁煙や減量、定期的な運動のように、がんになるリスクを減らし、長く質の良い人生を送るためにできることは必ずある」とブリッカーは書いている。(注1)

ブリッカーのアプローチの一つに、想像力を鍛えて物事を別の角度から見る、というものがある。認知行動療法（ＡＣＴ）の一環としてある技法を学べば、有害な注意散漫につながりがちな不満が和らぐことを、ブリッカーの研究は明らかにした。

ブリッカーは禁煙に焦点を絞って、インターネットでＡＣＴを提供するアプリを開発した。主な対象は禁煙を目指す人々だが、このプログラムの原理によってさまざまな衝動を効果的に抑えられることが、証明されてきた。このセラピーの鍵になるのは、自分が何を渇望しているかを認識して受け入れ、その渇望を健康的に処理することだ。ACTでは、衝動を抑え込むのではなく、一歩離れて、衝動の原因に気づき、観察し、最終的にそれが自然に消えることを目指す。しかし、なぜ衝動と真っ向から戦わないのか。なぜ、「ノー」と言うだけではだめなのだろうか。

欲望を抑えつけると逆効果になりやすいことがわかった。

ロシアの文豪ドストエフスキーは1863年に、「シロクマのことを考えないという難題を自分に課せば、シロクマが絶えず頭に浮かんでくるだろう(注2)」と書いた。その124年後、社会心理学者ダニエル・ウェグナーは、ドストエフスキーの主張が正しいかどうか実験した。

被験者は、5分間シロクマのことを考えないように、と指示された。すると彼らは平均で1分間に1回、シロクマのことを考えた。まさにドストエフスキーが予言した通りだ。しかし、ウェグナーの実験はそれだけでは終わらなかった。同じグループの被験者と最初の実験には参加していない別のグループに、今度はシロクマのことを思い浮かべるよう指示すると、後者より前者のほうが、シロクマのことを思い浮かべる回数がずっと多かった。「この結果は、最初の5分間に考えないようにしたせいで、心の中でリバウンドが起きて、より頻繁に考えるようになったことを示している」と、ウェグナーはモニター・オン・サイコロジー誌に掲載された論文に書き[注3]、のちにこの傾向を「皮肉過程理論」と名づけ、何かを考えないようにするのが難しい理由を説明した。

この理論が「皮肉」と呼ばれるのは、欲求をいったん抑制し、のちにそれを解くことで、その欲求がより多くの報酬をもたらすようになり、習慣化するからだ。

欲求を抑え込み、反芻し、結局は屈する、というサイクルを繰り返すと、そのサイクルは永続的なものになる。望ましくない習慣の多くは、このサイクルに駆り立てられている。

例えば、喫煙者の多くは、タバコへの渇望をもたらしているのはニコチンだと考えている。間違いではないが、まったく正しいわけでもない。ニコチンは神経を刺激し、多幸感をもたらすが、客室乗務員を被験者とする実験により、タバコへの渇望は、かつて考えられていたほどにはニコチンとは関係のないことが明らかになった。

この実験では、タバコを吸う客室乗務員の二つのグループを、イスラエルから別々の旅客機で送り出した。一方のグループは、3時間のフライトでヨーロッパへ、もう一方のグループは

10時間のフライトでニューヨークへ向かった。もちろん、客室乗務員がフライト中にタバコを吸うことは禁止されている。両グループは、フライトの前と途中と後で、タバコへの渇望の度合いを点数で記録するように指示された。(注4)もし、ニコチンが脳に及ぼす影響だけが原因なら、どちらのグループも、最後にタバコを吸ってから同じ時間がたつとタバコを吸いたくなり、時間がたてばたつほど、彼らの脳はニコチンを化学的に渇望するようになるはずだ。だが、事実は違った。

ヨーロッパに向かった客室乗務員たちは、ヨーロッパに到着した時に、タバコへの渇望がピークに達していた。一方、ニューヨークへ向かった旅客機は、その時間にはまだ大西洋上にあり、客室乗務員たちが報告した渇望の度合いは弱かった。なぜそんな差が出たのだろうか。ニューヨーク行きの便に乗っていた客室乗務員のタバコへの渇望が最も強かったのは、目的地が近づいた時だった。飛行時間と最後に喫煙してからの時間は、渇望の程度には影響しなかった。

実は、渇望に影響したのは、最後に喫煙してからの時間ではなく、次に喫煙できるまでの時間だった。(注5)もし、この研究が示す通り、ニコチンのように中毒性があるものへの渇望をコントロールできるのなら、他の不健康な欲求も、脳をだますことでコントロールできるのではないだろうか。ありがたいことに、その通りなのだ。

本書は、禁煙と薬物中毒に関する研究を多く引用している。それには二つの理由がある。一つは、テクノロジーの濫用は中毒のように見えるからだ。[注6] もっとも、インターネットのような注意散漫の元凶になるものに「中毒になる」人はきわめて少ないことが研究によってわかっている。二つ目の理由は、ニコチンやその他の薬物への依存を止める方法があるのなら、それは注意散漫の抑制にも役立つ。結局のところ、私たちはインスタグラムを注射したり、フェイスブックを吸入したりはしていない。薬物中毒に比べれば、それらからの脱却はたやすいはずだ。

ある種の欲求は、その対象についての考え方を変えることで、完全に鎮めることはできなくても、和らげることができる。このあとの章では、三つの事柄について、考え方を変える方法を学んでいこう。その三つとは、「内部誘因」「仕事」「性格」である。

この章のポイント Remember This

- 誘惑を取り除かず、ただ禁欲するだけでは、逆効果になり得る。衝動を抑え込もうとすると反芻思考が起きて、欲求はさらに強くなる。
- 内部から生じる注意散漫についての考え方を変えることで、それをコントロールできるようになる。具体的には、その誘因、仕事、自分の性格についての見方を変えることだ。

第6章

内部誘因の見方を変える

頭に浮かぶ感情や考えをコントロールすることはできないが、それに対してとる行動はコントロールできる。ブリッカーが行った、ACTを利用する禁煙プログラムの研究が示唆するのは、私たちは渇望を抑え込む方法ではなく、うまく対処する方法を学ばなければならない、ということだ。同じことは、スマホを頻繁にチェックしたり、ジャンクフードを食べたり、買い物をしすぎたりといった衝動についても言える。衝動と戦うのではなく、頭に侵入してくる思考に、より効果的な方法で対処すべきだ。次に挙げる四つのステップはその助けになるだろう。

ステップ1 注意散漫になる前に現れる不快な感情（内部誘因）を探し、注目する

執筆中の私をしばしば妨害するのは、何かをグーグルで検索したいという衝動だ。この悪習慣を「検索」と呼んで正当化するのはたやすいが、実は難しい仕事から逃れるための口実であ

ることを、私はよくわかっている。ブリッカーが勧めるのは、不安、渇望、落ち着かない気分、無力感といった、注意散漫の前に現れる不快な感情に注意を払うことだ(注1)。

ステップ2 内部誘因を書きだす

ブリッカーは、その不快な感情、すなわち、内部誘因を書きだすことを勧める。その後あなたが誘因に屈したかどうかは関係ない。注意散漫につながる不快な感情に気づいたらすぐ、その時に自分が何をしていたか、どう感じたかを書きだす。すぐ書けば、自分がどう感じたかを忘れることはない。本書の巻末に「注意散漫追跡表(トラッカー)」を掲載した。1日を通して経験する誘因を記入しよう。追跡表は、NirAndFar.com/indistractable-resources/ からダウンロードして、印刷することもできる(注＊日本語バージョンは www.nikkeibp.co.jp/atclpubmkt/book/20/P88940/ からダウンロードできます)。この追跡表は、いつでも使えるように手元に置いておこう。

ブリッカーによると、人は、外部誘因には気づきやすいが、「重要な内部誘因に気づけるようになるには、いくらかの時間と努力を要する」。ブリッカーは、その衝動について客観的に語ることを勧める。例えば、「緊張を感じた。私はアイフォーンに手を伸ばそうとしている」というように、第三者であるかのように、自分に語り聞かせるのがコツだ。そうした行動に気づけるようになれば、やがてそれをコントロールできるようになる。「不安は消え、その感情は弱くなるか、他の感情に取って代わられる」とブリッカーは記している。

ステップ3

自分の感覚を調べる

ブリッカーは次に、その感覚を掘り下げることを勧める。例えば、注意散漫の前に指がぴくぴく動くとか、子どもといる時に仕事について考えると胸がざわつくといった感覚の高まりや鎮静をどのように感じるか。ブリッカーは、衝動に突き動かされる前に、その感覚をしっかり受け止めることを勧める。

この手法の効果は、禁煙に関する研究で実証されている。自分の渇望に気づき、それを掘り下げることを学んだ被験者が禁煙に成功する確率は、米国肺協会の最も成功した禁煙プログラムの2倍だった(注2)。

ブリッカーが特に気に入っているのは、「小川を流れる葉」という手法だ。本来望まないことをやろうと誘惑する不快な何かを感じた時は、「静かに流れる小川のほとりにあなたが座っていて、目の前を何枚もの木の葉が流れている光景を思い描こう。心の中にある考えの一つひとつを、一枚一枚の葉に載せなさい。それは思い出かもしれないし、言葉か、心配事か、イメージかもしれない。そうしたら、葉の一枚一枚が流れに乗ってくるくると回りながら遠ざかっていくのを、座ったまま、じっと見届けよう」。

ステップ4

境界の瞬間に注意を向ける

境界の瞬間とは、一つの行動から別の行動へと移る「ちょっとの間」のことだ。車の運転中、信号が変わるのを待つ「ちょっとの間」、スマホを手にとり、信号が青になった後も、運転しながらまだスマホを見ていたという経験はないだろうか。あるいは、タブレットでブラウザを開いたものの、読み込みの遅さにいらついて、「ちょっとの間」だけと、他のサイトを開いたことはないだろうか。また、ある会議から次の会議へと歩いて移動しながらソーシャルメディアのアプリを見ていて夢中になり、スクロールするうちに自分のデスクに戻っていたことは？　こうした行動自体が悪いわけではない。危険なのは、「ちょっとの間」それらをすることによって、30分間、心ここにあらずの状態になったり、自動車事故を起こしたりして、後悔するはめになることだ。

この注意散漫の罠を避けるには、「10分間ルール」が効果的だ。[注3] 私はほかにすべきことを思いつかなくて、気を紛らわせるためにスマホのメールをチェックしたくなると、「それは悪いことではないが、今はその時ではない」と自分に言い聞かせる。そして何もしないで、10分過ぎるのを待つ。この方法は、執筆の手を止めて検索するとか、退屈な時にジャンクフードを食べるとか、「疲れすぎて眠れない」時にネットフリックスの番組の続きを見るといった、あらゆる注意散漫を防ぐ助けになる。

このルールによって、行動心理学者が「衝動サーフィン」と呼ぶ手法を実行する時間が得られる。(注4) 衝動を感じたら、それに注意を向け、追い払ったり、従ったりするのではなく、サーフィンをするようにその波を乗りこなし、衝動が鎮まるのを待つ。

衝動サーフィンや、衝動に注意を向ける他の方法によって、喫煙者が吸うタバコの本数を減らせることが対照実験で立証されている。(注5) 10分間、衝動サーフィンをしたのちに、まだその行動をしたいのであれば、してもよいが、そうなることはめったにない。境界の瞬間は過ぎ、私たちは本当にやりたかったことに取り組める。

衝動サーフィンや、小川を流れる葉に渇望を乗せる方法は、メンタルスキルを高めるための訓練であり、注意散漫を避ける助けになる。これらの方法は私たちの心を修復し、何かに反応するのではなく掘り下げることで、内部誘因から逃れられるようにする。ガーディアン紙の記者、オリバー・バークマンが記事に書いたように、「興味深いことに、否定的な感情に穏やかに注意を向けると、それらは消え、肯定的な感情が育っていく」(注6)。

ここまで、内部誘因について考察した。次章では、私たちが集中し続けなければならない仕事に対する見方を変えよう。

この章のポイント Remember This

- 不快な内部誘因について見方を変えることで、それを和らげることができる。
- ステップ1　注意散漫の前に現れる感情を探す。
- ステップ2　内部誘因を書きだす。
- ステップ3　軽蔑ではなく好奇心を持って、不快な感覚を調べる。
- ステップ4　境界の瞬間に注意を向ける。

第7章

仕事の見方を変える

イアン・ボゴストは、生きるための「遊び」について研究している。彼はジョージア工科大学のインタラクティブ・コンピューティングの教授で、変わったタイトルの本をこれまでに10冊上梓した。『ビデオゲームについて話す方法（*How to Talk About Videogames*）』『変わったチワワ（*Geek's Chihuahua*）』、最新の著書は、『どんなことでも遊びにする（*Play Anything*）』である。その本で彼は、楽しさや遊びについての常識に異を唱える大胆な主張をいくつか展開した。例えば、「遊び（fun）は、多くの（あるいは、いかなる）喜び（enjoyment）を含まなくても、遊びになり得る」と彼は言う。どういうことだろうか。(注1)

遊びは楽しく感じられるべきではないのか。そうとは限らない、とボゴストは言う。「遊びがどう感じられるべきかという既成概念を捨てることで、私たちは心を開き、仕事を新たな角度から見ることができるようになる。どれほど困難な仕事にも、遊びの要素はある。それらの遊びは楽しいものとは限らないが、私たちを不快な思いから解放してくれる」。ここで忘れてはならないのは、不快な気分からの逃避が注意散漫の重要な要素であることだ。

先に学んだように、困難な状況では注意散漫に陥りやすい。したがって、どれほど困難な仕事にも遊びの要素があるという彼の主張には、大いに励まされる。しんどくて、集中力が必要で、それでもやらなければならない仕事を、遊びのようなものに変えられたら、どれほどありがたいことか。だがそもそも、そのようなことは可能なのか？　ボゴストは可能だと言う。だが、それはあなたが想像するような方法によってではない。

遊びは、必ずしも私たちを楽しい気分にするわけではないが、集中するための道具として利用できる

「スプーン一杯のお砂糖」でつらい仕事も楽しくなる、というメリー・ポピンズのアドバイスは有名だが、「彼女は間違っている」とボゴストは言う。なぜなら、「つらさを覆い隠すことを勧めている」からだ。彼が書いているように、「仕事のつらさを何かでごまかそうとしてはいけない。仕事を楽しめないのは、仕事に向き合う真剣さが足りないからだ。仕事を余裕綽々（しゃくしゃく）でこなしているうちは、真の楽しさは得られない」。つまり答えは、「仕事そのものに集中せよ」ということだ。

また彼は「慣れきった状況では、楽しさは、あえて新しい方法を試した時に生じる」と言う。

困難な仕事から逃げたり、やる気を引き出すためにごほうびを使ったりする代わりに、新しい挑戦を見つけることに全力を注ぐようにする。注意散漫に陥りがちな状況でも、そのような目新しさは、私たちの注意を引きつけ、集中を維持させる。

テレビやソーシャルメディアなどの、営利目的の無数の「気を散らすもの」は、スロットマシンのような可変報酬を使って、私たちを新奇な刺激にさらし続ける。しかし、こちらも同じ方法を使って、どんな仕事もより楽しくより魅力的なものにできると、ボゴストは主張する。

メディアに夢中になるのと同じ神経回路を活用すれば、楽しくない仕事にも、集中して取り組むことができる。

ボゴストは、その例として、芝刈りを挙げる。「芝を刈る作業を『楽しい』と言うのは、ばかげているように思えるかもしれない」。しかし、彼はそれを好きになるすべを学んだ。その方法は以下の通りだ。「まずその仕事に、途方もないほどの強い関心を向ける」。ボゴストの場合は、芝の生え方と手入れの仕方について、できる限り多くの情報を入手した。次に、「仮想の遊び場」を設けた。そこでは制約が仕事の楽しさを生み出した。その土地の気象条件や、どのような準備が可能、あるいは不可能か、といった作業上の制約を彼は学んだ。制約の存在は、想像力を発揮して作業を楽しむために欠かせない、とボゴストは言う。芝刈り機の最適な刈り取り経路を見つけたり、スピードの向上を目指したりするのも、仮想の遊び場で遊ぶ方法の一つだ。

芝刈りを楽しむのは、自分には到底無理だと思うかもしれないが、端から見れば特に面白いと思えないことを、楽しんでやっている人たちはいる。例えば、わが家の近所のカフェのバリスタは、完璧なコーヒーを入れるために途方もない時間と手間を費やしている。愛車のメンテナンスに何時間もかけているカーマニアや、知り合いのために労を惜しまずセーターを編んだりキルトを縫ったりしている手芸ファンもいる。人々があえてこうした作業を選んで楽しんでいるのなら、同様の考え方を他の仕事に適用するのは、それほど酔狂でもないだろう。

私の場合は、自分の仕事に謎（ミステリー）の要素を見つけることによって、本を書くという退屈な仕事に集中できるようになった。興味をそそられる謎に答え、古くからの謎への新たな解決法を見つけるために、私は書いている。格言にもある通り、「退屈は好奇心で癒やせるが、好奇心を癒やす薬はない(注2)」。今日も私は、楽しさを味わうために書いている。もちろん、書くことは私の仕事だが、楽しさを見つけたことにより、以前のように注意散漫に陥ることなく、書き続けられるようになった。

楽しさとは、何かの中に、他の人は気づいていない「可変性」を探すことであり、退屈と単調さを打ち破って、隠れた美を発見することである。

歴史上の偉大な思想家や発明家がさまざまな「発見」を成し遂げられたのは、発見の魅力に取り憑かれていたからだ。誰にも、もっと知りたいという欲求があり、それによって謎解きや発見に引き寄せられる。

しかし、忘れてはならないのは、仕事に可変性を発見できるのは、時間をかけて仕事に集中し、懸命に謎を探した場合に限られることだ。それは、仕事を前回よりうまく、あるいは速くできるかどうかという自分の能力についてかもしれないし、来る日も来る日も未知のものに挑戦し続けることかもしれない。そのような仕事に内在する謎（ミステリー）の探求は、他のことに逃避したくなる困難な仕事を、私たちを夢中にさせる遊びに変えてくれる。

注意散漫を招く内部誘因をコントロールする最後の段階は、自分の能力について見方を変えることだ。次章では、まず、私たちの多くが日々、自分に言い聞かせている自己破滅的な思い込みを打ち砕くことから始めよう。

この章のポイント Remember This

- 退屈な仕事でも見方を変えることで、内部誘因をコントロールできる。楽しさと遊びは、自分を集中させるための道具になる。
- 遊びは、愉快である必要はない。自分の注意を引きつけるものであれば、それで良い。
- 新しい挑戦を見つけようとすると、どんな仕事も楽しくできる。

第8章

自分の性格の見方を変える

私たちを注意散漫へと導く不快な感情をうまく扱うには、自分についての見方も変えなければならない。「性格」は「人あるいは動物の性質、特に、行動に恒久的な影響を与えるもの[(注1)]」と定義され、自分の性格をどう捉えているかは、その人の行動に大きく影響する。

意志の力には限りがあるのでセルフコントロールには限界がある、という心理学説が一般に広く信じられている。これによると、私たちが全力を尽くそうとすると、ともすれば意志力を使い果たすことになる。心理学者はこの現象を「自我消耗」と表現する。

少し前まで私は、仕事を終えるといつもソファーに座って、ネットフリックスの番組を見ながら、1パイント（473㎖）のアイスクリーム、正確に言えば、ベン・アンド・ジェリーズのチョコレート・ファッジ・ブラウニーを食べながら、何時間もだらだらと過ごしていた。アイスクリームを大量に食べることも、座ったままでいることも、良いことではないとわかっていたが、「疲れ切っているのだから」と自分に言い訳してその行動を正当化し、「自我消耗」

（この言葉はまだ知らなかったが、）したかのように振る舞っていた。自我消耗説は、仕事を終えた後の私のだらしないありさまを完璧に説明しているように思える。だが、自我消耗は本当に起きるのだろうか。

2011年に、心理学者のロイ・バウマイスターがニューヨークタイムズ紙のジャーナリスト、ジョン・ティアニーと書いた本 *Willpower:Rediscovering the Greatest Human Strength*（邦訳『WILLPOWER 意志力の科学』インターシフト）は、ベストセラーになった。[注2] 同書は、自我消耗説を裏づけるバウマイスターの研究をいくつか紹介している。その一つで、注目に値するのは、ただ砂糖を摂取するだけで意志力が回復するという、摩訶不思議な実験だ。[注3] その実験では、被験者は砂糖を加えたレモネードを飲んだだけで、困難な仕事をこなすための自制心とスタミナを回復したそうだ。

しかし最近では、科学者たちは自我消耗説に批判的な目を向けるようになり、中にはこの説を否定する科学者もいる。マイアミ大学のエバン・カーターは、バウマイスターの研究結果を最初に疑った一人だ。カーターは2010年に、自我消耗は実際に起きると報告した約200件の論文を検証した。そこからわかったのは、否定的な結果が出た研究は公表されにくいという「出版バイアス」がかかっていることだった。[注4] カーターは、自我消耗説を裏づける確かな証拠はない、と結論づけた。[注5] さらに、砂糖が意志力を高めるというような、自我消耗説の不可思議な主張のいくつかは、まったくのデタラメだったことが判明した。[注6]

では、自我消耗と呼ばれた現象は、どう説明すればいいのだろうか。初期に行われた研究の結果は信用できるものだったかもしれないが、研究者たちは間違った結論に飛びついてしまったらしい。新たに行われた研究は、レモネードを飲むと実際にパフォーマンスが向上することを示したが、それはバウマイスターが考えた理由のせいではない。パフォーマンスを向上させたのは、レモネードの中の砂糖ではなく、私たちの頭の中の思考だった。スタンフォード大学の心理学者キャロル・ドウェックは、米国科学アカデミー紀要に掲載された共同研究において、自我消耗の兆候が認められたのは、意志力には限りがあると信じている被験者だけだった、と結論づけている。(注7) 被験者の力を回復させたのは、レモネードの中の砂糖ではなく、砂糖の効果を信じる気持ちだったのだ。

意志力には限界があると考えない人々には、自我消耗の兆候は見られなかった。

今でも多くの人が自我消耗という考えを支持しているのは、それを否定する証拠があることを知らないからだろう。だが、ドウェックの結論が正しければ、自我消耗説がまかり通っているのは由々しきことだ。というのも、人は実際にはまだ余力があるのに、自我消耗を言い訳にして何かを諦めてしまうかもしれないからだ。

トロント大学の心理学教授でトロント社会神経科学研究所の責任者であるマイケル・インズリクトは、別の考え方を提案する。それは、意志力を限りある資源ではなく、感情のようなものと見なす考え方だ。[注8] 喜びや怒りを「使い果たす」ことがないのと同様に、意志力は、私たちに起きること、私たちが感じることに応じて、弱まったりあふれ出たりする、と彼は言う。

これまでとは異なるレンズを通して性格と意志力のつながりを見ることは、集中についての考え方と密接な関係がある。なぜなら、もし意志力がタンクに入った燃料ではなく、感情のようなものだとしたら、そのように扱うことで、うまく活用できるからだ。

幼い子どもは、おもちゃを買ってもらえないとかんしゃくを起こしがちだが、成長するにつれて、自制心を働かせて怒りを抑えられるようになる。同様に私たちも、困難な仕事を抱えている時には、疲れ切ったから休息（と、いくらかのアイスクリーム）が必要だと自分に言い聞かせるより、今は一時的にやる気が失せているだけだと考えるほうが、より生産的で健全だ。

意志力には限界があるという見方は間違っていたとしても、最近行われたいくつかの研究から、意志力の捉え方と、最後までやり通す能力との間に、強い結びつきがあることがわかった。

タバコや薬物やアルコールの依存症患者が、依存物への渇望をどの程度コントロールできていると感じているかを調べるために、研究者は「渇望調査」を行う。[注9] 調査は、依存対象が何かによって内容が変わるが、例えば、被験者には、「私は医療用麻薬への渇望が始まると、行動をコントロールできなくなる」「医療用麻薬への渇望は、私の意志力より強い」「私はいつも医療用麻薬を渇望する」といった文章が示される。

被験者によるこれらの説明文の評価結果からは、その時の彼らの状況だけでなく、依存症から回復できるかどうかについても多くの手がかりが得られる。「私は時がたつにつれて意志力が強くなる」と考えている被験者は、回復する可能性が高い。[注10] 一方、覚せい剤常習者と喫煙者に関する研究から、「私は意志力が弱い」と考える人は、やめたあとでまた手を出す可能性が高いことがわかった。[注11]

このロジックは驚くに当たらないが、心の持ちようの影響の大きさには驚かされる。ジャーナル・オブ・スタディーズ・オン・アルコール・アンド・ドラッグスに掲載された研究では、アルコール依存症の患者で、自分には渇望と戦う力がないと考える人は、そうでない人より、禁酒を試みても再び飲酒する可能性がはるかに高いことが示された。[注12]

> 依存症患者の意志力の低さについての自覚の程度は、治療後に逆戻りするかどうかを判断するうえで、身体的な依存の程度と同じくらい重要である。

つまり、心の持ちようは、身体的依存と同じくらい重要なのだ。自分に向かって何を言うかが、治療の成否を分ける。自制心が弱いというレッテルを自分に貼ると、実際に自制心が弱くなる。[注13] したがって、挫折した時には、自分はダメな人間だと自己批判するのではなく、自分に思いやりをもって、優しく語りかけるべきだ。

多くの研究が、自分への思いやり（セルフ・コンパッション）が強い人は幸福感が強いことを発見した。過去の79件の研究を比較分析した2015年の研究では、総勢1万6000人超の被験者の回答から、「失敗や自分の欠点に直面した時、自分に対して……前向きで思いやりのある態度」をとる人は、より幸せなことが明らかになった。[注14] 別の研究からは、自分を責め、問題をいつまでも引きずる傾向は、うつや不安の原因として、一般的な要素より強く働くことがわかった。[注15] トラウマになる出来事、精神疾患の家族歴、社会的地位の低さ、社会的支援の欠如といった、人生を台無しにしがちな一般的な要素よりも、自分への思いやりの強弱のほうが、気分の落ち込みや不安感の有無に強く影響したのである。

良い知らせは、自分に語りかける言葉を換えれば、自分を思いやる力を活用できるようになることだ。そうすれば失敗しないというわけではない。私たちには次から次へと悩みごとが降りかかってくる。そうした時に肝心なのは、自分の行動に責任を持ちつつも、罪悪感を過剰に抱かないことだ。罪悪感を抱くと、それから逃れようとしてさらなる注意散漫に陥りかねない。

自分を思いやり、失敗とストレスの悪循環を断ち切れば、回復力（レジリエンス）を高めることができる。

自分を非難する頭の中の小さな声に耳を傾けていることに気づいたら、正しく対応しなければならない。その声を真に受けたり、反論したりするのではなく、成長の途上には必ず障害があることを思い出そう。練習せずに上達することはできず、練習には時として困難が伴う。

自分に語りかける時、友人に話しかけるようにするのが良い方法だ。私たちは、自分のことはよく知っているので、誰よりも厳しく批判しがちだが、友人を助けるつもりで自分に話しかければ、状況を冷静に見ることができる。「何かが良くなる時には、こんなことが起きるものだよ」とか、「きみは目標に向かって確実に前進している」と自分に語りかけるのは、自己不信に対処する優れた方法だ。

内部誘因、仕事、自分の性格について見方を変えることは、自分の中から生まれる注意散漫を防ぐ、強力で効果が立証された方法である。不快な感情に反応するのではなく、それについての考え方を改めることで、内部誘因とうまく付き合えるようになる。仕事に楽しみを見つけ、気持ちを集中させることで、仕事についてのイメージを変えることができる。最後に、最も重要なこととして、自分についての考え方を改めることで、自分の限界を自分で決めるような思考から脱却できる。

自分には意志力と自制心が足りないと信じ込んでいると、その通りになる。自分には誘惑に抵抗する力がない、生まれつき欠陥があると自分に言っていると、実際にそうなってしまう。ありがたいことに、自分が考えるすべてのことを信じる必要はない。人が無力になるのは、自分は無力だと思った時だけだ。

この章のポイント Remember This

- 自分の性格についての見方を変えれば、内部誘因をうまく扱えるようになる。
- 意志力は枯渇しない。意志力は枯渇すると思い込むと、実際にはまだ余力があるのに、それを言い訳にして何かを諦めやすくなる。
- 自分に何を言うかが重要だ。自分に「自制心が弱い」というラベルを貼るのは、自己破壊的な行為だ。
- 自分を思いやる練習をしよう。友人に話しかけるように自分に話しかける。自分を思いやれる人は、回復力が高い。

PART 2

集中するための時間をつくる

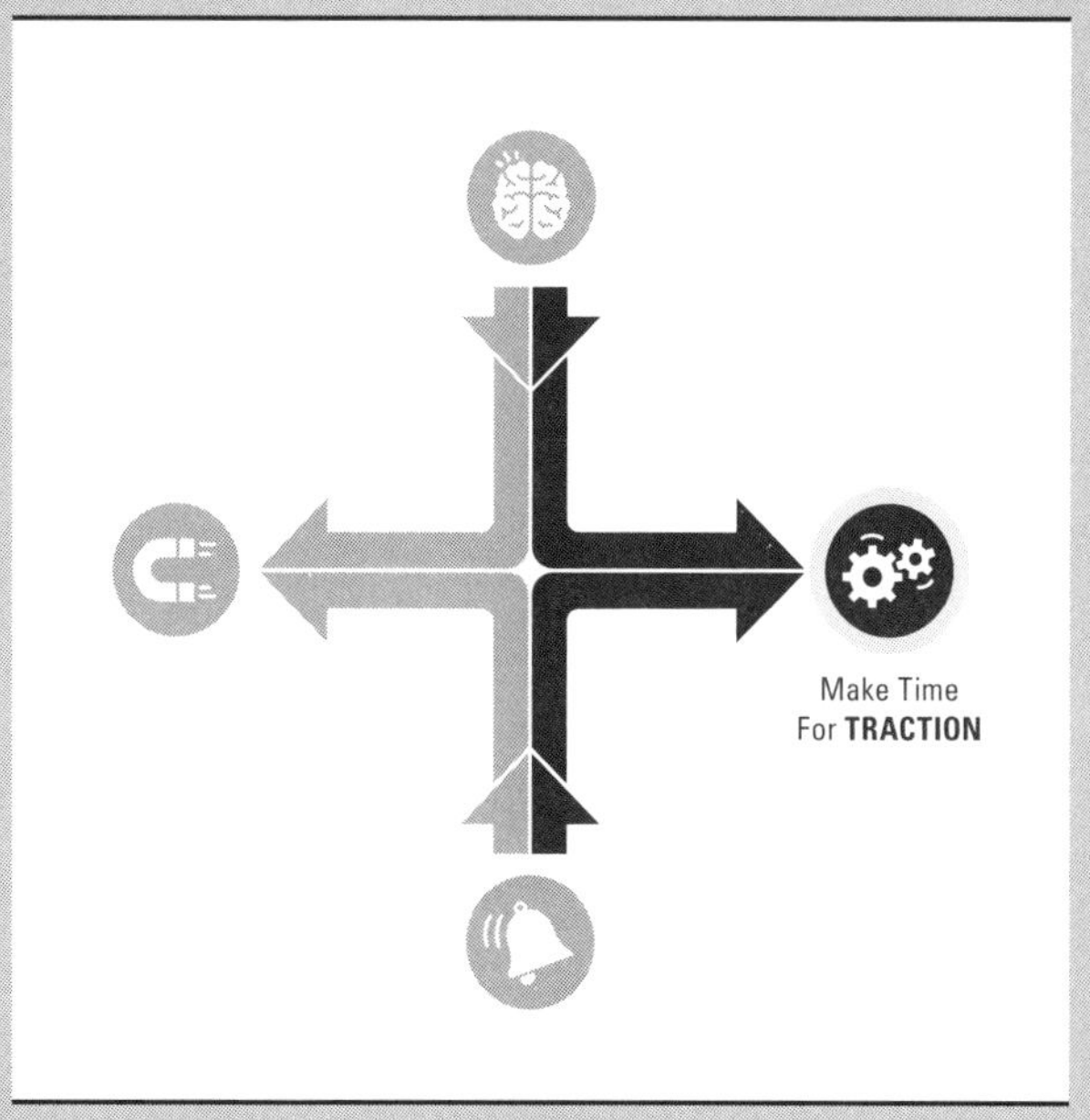

第9章

価値観を時間に変える

集中(トラクション)は、人生の目標へとあなたを向かわせるが、注意散漫(ディストラクション)は、あなたを目標から遠ざける。パート1では、私たちを注意散漫へと駆り立てる内部誘因に対処する方法と、注意散漫を招く不快な感情を弱める方法を学んだ。不快な感情から逃れたいという衝動をコントロールできなければ、人は常に、手っ取り早く苦痛を和らげる方法を探すことに走りやすい。

次の段階は、集中しやすくなる方法を見つけることだ。まずは時間の使い方から見ていこう。ドイツの文豪で哲学者のヨハン・ヴォルフガング・フォン・ゲーテは、ある単純なことから人の未来を予想できる、と考えていた。すなわち、「時間をどのように使うかがわかれば、その人が将来どんな人物になるかがわかる」(注1)。

自分の時間がどんな形で盗まれているかを考えてみよう。古代ローマのストア派の哲学者セネカは、こう書いている。「人は金を倹約するのに、倹約すべき時間を平気で浪費する」(注2)。セネカがこれを書いたのは2000年以上も前だが、それは今も真実だ。実際私たちは、錠前や金庫やセキュリティーシステムを駆使して財産を守ろうとするが、時間を守るための努力はほとんどしていない。

プロモーショナル・プロダクツ・アソシエーション・インターナショナルがアメリカ人を対象に行った研究から、1日のスケジュールを決めている人は三人に一人しかいないことがわかった。(注3) それが意味するのは、アメリカ人の大半は、特に予定を立てることもなく、朝起きて、日々を過ごしているということだ。最も貴重な財産であるはずの時間は無防備で、盗まれるのをただ待っている。1日の計画を自分が立てなければ、他の誰かが立ててしまうだろう。(注4)

そういうわけで、私たちは予定を立てなければならない。だが、どこから始めればいいだろうか。一般的な方法は、やることリスト(To Do List)をつくることだ。やりたいことをすべて書きだして、1日のどこかで実行する時間を見つけ出す。残念ながら、この方法には重大な欠点がある。試したことがある人は経験ずみだと思うが、リストアップしたことの多くは、翌日か翌々日へと後回しにされてしまうのだ。したがって、何をしたいかではなく、なぜしたいかというところから始めるべきだ。それにはまず自分の価値観を見直す必要がある。

The Happiness Trap(邦訳『幸福になりたいなら幸福になろうとしてはいけない』筑摩書房)の著者、ラス・ハリスによれば、価値観とは「自分がどうなりたいか、何を支持したいか、周囲の世界とどのように関わりたいか」ということだ。(注5) つまり、目指す人格の特性である。その中には、正直な人間であることや、愛情深い親であること、あるいは、チームの貴重な一員であること

が含まれるかもしれない。しかし、絵を完成させても創造的にはなれないのと同じで、価値観はそうなるものではない。価値観は目標ではなく、生き方のガイドラインなのだ。

価値観の中には人生のあらゆる側面に当てはまるものもあるが、ほとんどは、当てはまる状況が限られている。例えば、チームの貴重な一員になるというのは、一般に仕事に関する価値観だ。一方、愛情深い配偶者や親であることは、家庭という状況に限られる。そして、知力・体力を磨くというのは、自分のための価値観だ。

ここで問題は、いくつもの価値観をすべて満たすほどの時間がないことだ。そのため私たちは自覚のないまま、生活の一領域に過剰な時間を投じ、他の領域を犠牲にしている。例えば、仕事に忙殺されると、家族や友人と過ごすという大切にしたい価値観が犠牲になる。子どもの世話に追われてくたくたになっていると、自分を磨くことや友情は後回しになる。そうやって自分の価値観を長くないがしろにしていると、自尊心を保てなくなり、生活のバランスが崩れ、その質が損なわれていく。皮肉なことに、そうなると人は根本的な問題を解決しないまま、不快な感情から逃れようとして、注意散漫に陥りやすくなる

価値観は人によって異なるが、それらをさまざまな生活の領域に分類するのは有益だ。生活の領域という概念は数千年前から存在した。ストア派の哲学者ヒエロクレスは、生活領域の関係とそれぞれの領域における義務のバランスを、同心円で表現した。(注6)人間の心と体を示す円を中央に置き、それを身近な家族、親戚、同じ部族、同じ町や都市の住民、同郷の市民や同国人

三つの生活領域

の順に囲み、そして一番外側の円を、残りすべての人間とした。

私は彼のアイデアに刺激されて、私たちが時間を使う三つの領域を、簡単な図で描いた。

これら三つの領域は、私たちがどこで自分の時間を使うかを示しており、なりたい人になるために日々の計画をどう立てればよいかについて、考える方法を与えてくれる。

三つの領域のそれぞれにおいて、自分の価値観に従って生きるには、そのための時間をスケジュールの中に確保しなければならない。スケジュールの中に集中（人生の目標に私たちを向かわせる行動）のための時間を確保して初めて、注意散漫に背を向けることができる。事前の計画なくして、集中と注意散漫を分け隔てることはできない。

> それが何に対する集中から気を散らしているのかがわからなければ、
> それを「気を散らすもの」とは呼べない。

多くの人はスケジュールに縛られることを嫌う。それは、やりたいことを邪魔されるように感じるからだ。しかし奇妙なことに、制約があったほうが、私たちはやりたいことを実行できる。[注7]なぜなら制約は、生活を組み立てるための枠組みを与えてくれるからだ。反対に、やることリストは延々と長いのに予定表は真っ白という状況では、何から手をつければいいかわからず、呆然とする。

集中に費やす時間をつくる最も効果的な方法は、「タイムボクシング（Time Boxing）」だ。タイムボクシングではよく研究された技法を使う。それを心理学者は「実行意図の設定」と呼ぶ。簡単に言えば、「何をするか、いつするか」を決めることだ。[注8]このテクニックを使えば、生活の各領域で、集中するための時間をつくることができる。

> 予定表の空白をすっかり埋めて、
> 毎日の時間をどう使うかのひな型をつくることを目指そう。

あなたがその時間に何をしたかはそれほど問題ではない。肝心なのは、計画したことを実行できたかどうかだ。それが計画通りであれば、ビデオを観ても、ソーシャルメディアの画面を延々とスクロールしても、空想にふけっても、昼寝をしてもかまわない。しかし、仕事関連のメールのチェックなど、一見、生産的なことであっても、家族と一緒に過ごすつもりだった時間や、プレゼンテーションの準備をするはずだった時間にしたのであれば、それは注意が散漫になったと見なせる。タイムボクシングは、注意散漫に陥っているかどうかを知る唯一の方法だ。時間を計画通りに使っていなければ、脱線していると思っていい。

週間スケジュールを立てるには、まず生活のどの領域にどのくらいの時間を使いたいかを決める。自分のために、大切な人との交流のために、仕事のために、どのくらいの時間を使いたいか。この場合、「仕事」は賃金を得る労働とは限らない。仕事の領域には、地域社会への奉仕活動や副業も含まれる。

それぞれの領域でどのくらいの時間を、自分の価値観と一致する目的のために使えるか。完璧な一週間のための予定表をつくることから始めよう。本書の巻末に予定表のテンプレートを掲載したので活用してほしい。また、NirAndFar.com/indistractable-resources/ には、無料のオンラインツールがある（注＊日本語バージョンは www.nikkeibp.co.jp/atclpubmkt/book/20/P88940/ からダウンロードできます）。

次に、毎週15分の時間をとって、次の二つの質問に答え、スケジュールについて反省し、それを改善しよう。

質問1（反省）

「計画通りに実行できたのはいつで、注意散漫に陥ったのはいつか？」

この問いに答えるには、1週間を振り返る必要がある。第6章で詳述したブリッカー博士の教えに従い、本書の巻末に掲載されている「注意散漫追跡表」を使って、いつ、なぜ、注意散漫に陥ったかを書きだそう。

もし内部誘因のせいで注意散漫になったのであれば、次にそれが現れた時、どのような戦略で対処すればいいだろうか。あるいは、電話やおしゃべりな同僚といった外部誘因に邪魔されたのだろうか（外部誘因をコントロールする戦略についてはパート3で検討する）。それとも、計画自体に問題があったため注意散漫に陥ったのか。どの場合も、注意散漫追跡表を使って反省すれば、次の質問に答えることができる。

質問2（改善）

「価値観に合う時間を過ごすために、このスケジュールに改善の余地はあるだろうか？」

思いがけない問題を発見したり、1日の計画自体に問題が見つかることもあるだろう。スケジュールを立てることで、各週を小さな実験と見なすことができる。計画の中で、その週にうまくいかなかったところを見つけ出せれば、次週はよりスムーズに実行できるようになる。そうやって、日々の一瞬一瞬における集中と注意散漫を見極めることで、あなたのスケジュールは徐々に改善していく。

生活が変われば、スケジュールも変わるだろう。しかし、いったんスケジュールを決めたら守る、というのがこの考え方だ。もっとも、この作業には、鬼軍曹としてではなく、好奇心あふれる科学者として取り組もう。そうすれば、スケジュールを柔軟に改善していくことができるだろう。

次に、生活の三つの領域で集中するための時間をつくる方法を見ていこう。また、時間の使い方に関して、自分の方針と、同僚や経営者といった利害をともにする人々の希望を調和させる方法についても述べる。

先へ進む前に、現在の自分のスケジュールを見直そう。といっても、見るべきポイントは、あなたが何をしたかではなく、時間割がきっちり決まっているか、それとも空白だらけか、ということだ。そのスケジュールは自分の人生を反映しているか、自分の時間が限りある貴重な資源として守られているか、それとも、他人に盗まれるままになっているのか。

自分の価値観を時間に変換することで、私たちは集中するための時間を確保できる。前もって計画していないのであれば、自分の持ち時間がすべて注意散漫のために浪費されても文句は言えない。むしろ、そうなるのは当然だ。大切なことに集中できるかどうかは、主に、日々の生活において、集中するための時間を確保し、自分自身、人との交流、仕事を大切にすることを妨害する注意散漫を減らせるかどうかにかかっている。

この章のポイント Remember This

- 何に集中したいのかがわからなければ、「気を散らすもの」を特定できない。前もって計画を立てることは、集中と注意散漫を見分ける唯一の方法だ。
- あなたのスケジュールはあなたの価値観を反映しているだろうか。なりたいと思う人になるには、価値観通りに生きるための時間をつくらなければならない。
- 1日をタイムボクシングしよう。自分、人間関係、仕事という三つの領域は、タイムボクシングの枠組みになる。
- 反省し、自分のスケジュールを定期的に改善しよう。しかし、いったん予定を決めたら、きっちり守らなければならない。

第10章

結果ではなくインプットを管理する

生活を図式化した次ページの図の中で、あなたは三つの領域の真ん中にいる。価値あるすべてのものと同じく、あなたはメンテナンスとケアを必要とし、それには時間がかかる。上司との会議を無視できないのと同様に、自分との約束を守らなければならない。結局のところ、望み通りの人生を生きることを最も強力に支援するのは、自分自身なのだ。

運動、睡眠、健康的な食事、読書やオーディオブックを聴くことはすべて自分への投資だ。中には、マインドフルネスや精神的なつながりや内省を重んじ、祈りや瞑想のための時間を欲する人や、趣味での上達を重視し、一人で練習する時間が欲しい人もいるかもしれない。

あなたが三つの領域の真ん中にいるのは、あなたの健康と幸せが他の二つを支えているからだ。自分を大切にしなければ、人間関係は損なわれる。同様に、心身ともに健康でいるために必要な時間を持とうとしなければ、仕事で全力を発揮することはできない。

まず「自分」の時間をタイムボクシングすることから始めよう。基本的なレベルでは、睡眠、

生活領域

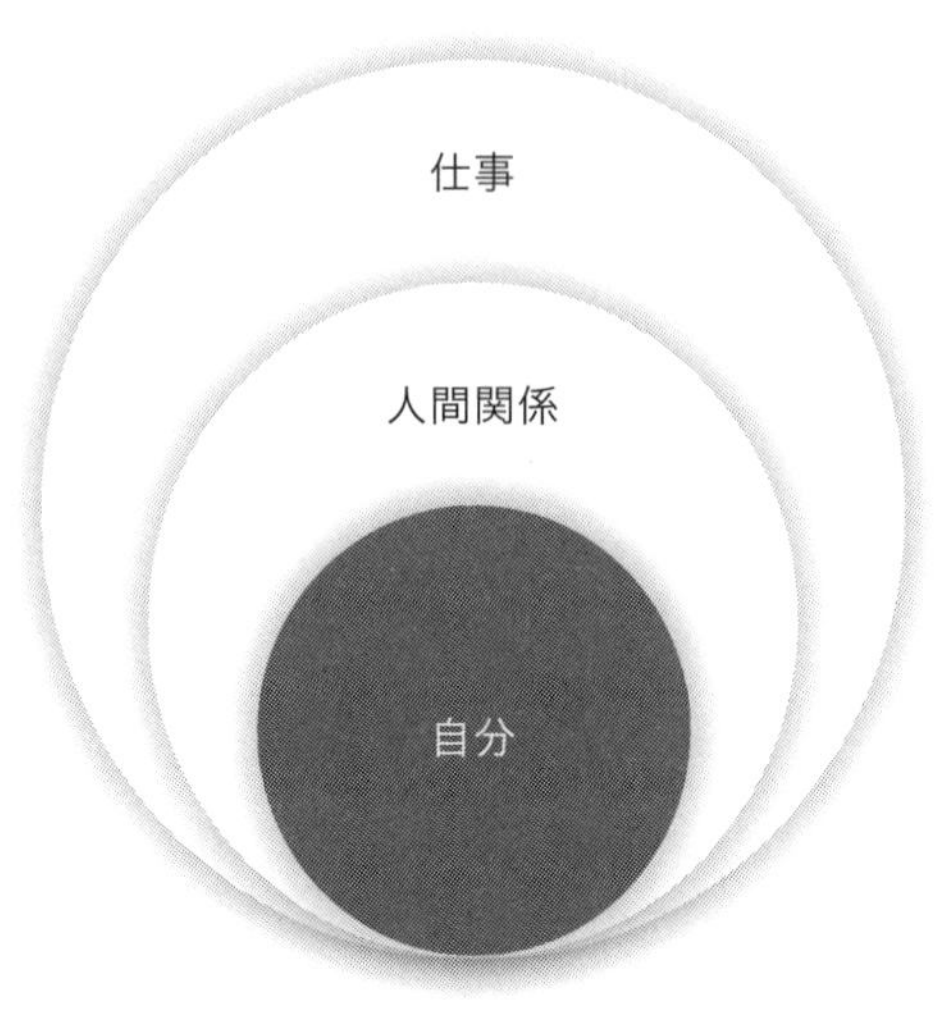

健康的な生活習慣や食事のための時間が必要だ。簡単に思えるかもしれないが、私自身、1日をタイムボクシングすることを学んでいない頃は、夜遅くまで職場で過ごし、夕食代わりにダブルチーズバーガー、フライドポテト、チョコシェークをかき込んでいた。それは、私が思い描いていた健康的なライフスタイルとは程遠いものだった。

「自分」の領域で、価値観通りに生きる時間を確保できれば、理想とする生き方を具体的に思い描けるようになる。また、体も心も健康なら、自分との約束を守りやすくなる。

とはいえ、中には、「自分のために何かする時間をスケジュールに入れるのはいいとしても、実行できなかったら、どうなるのか?」と思う人もいるかもしれない。こう考えてみよう。あなたは睡眠が十分にとれていない。

しかし、睡眠の大切さを訴える記事を数多く読み、質の良い睡眠が必要なことはよくわかっている。それはまさに以前の私の状況だった。[注1]

数年前から私は夜中の3時に目が覚めるようになった。しかし、7〜8時間眠るという計画を立てていたので、眠れないまま、朝まで何度も寝返りを打った。睡眠は、計画を立てても自分で完全にはコントロールできない。しかし、私を起こそうとする体の欲求はコントロールできなくても、どう対処するかはコントロールできる。

物事が計画通りに進まない時に多くの人が陥るように、私も当初は取り乱した。ベッドに横になったまま、このまま眠れなければ、明日の朝、疲れていて頭がぼんやりしたままだろうと想像し、翌日やらなければならないことについて考え始めた。考えることがなくなるまで、こうした不安が頭の中をぐるぐるとめぐった。皮肉なことに、不眠を心配するあまり、不眠になったのだ。これはよくある不眠症の原因だ。[注2]

しかし、同じことを何度も思い悩むこと自体が注意散漫だと気づいた途端、私はより健全な方法で睡眠に取り組めるようになった。特に効果があったのは、「体は体が必要とするものを欲する」という簡単な呪文を繰り返すことだ。心の持ちようを少々変えたことで、眠らなければならないというプレッシャーが消えた。私の役目は、眠るためにふさわしい時間と場所を体に与えることであり、そのあとで起きることは、自分にはどうすることもできない。そう悟った私は、真夜中に目が覚めたら、キンドルを読むチャンスと捉え、再び眠りに落ちるまでの時間を気にしないようになった（＊）。眠れないのは体がすでに十分眠ったからだと自分に言い聞かせて不安を取り除き、心をリラックスさせた。結果がどうなったかは、もうおわかりだろう。反芻思考をやめた途端、眠れない夜はなくなった。私は数分で眠りに落ちるようになった。

ここには、どうすれば十分な睡眠がとれるかというだけでなく、もっと重要な教えがある。それは、自分でコントロールできない結果（アウトカム）を心配するより、自分にできるインプットに注目すべきということだ。何かに時間を費やしてポジティブな結果が出れば希望につながる。

自分でコントロールできる唯一のものは、そのタスクに注ぎこむ時間だ。

眠るべき時に眠れるかどうか、あるいは、デスクの前に座っていて、次に執筆する本の画期的なアイデアが浮かぶかどうかを、私はコントロールできるわけではないが、唯一確かなことがある。それは、十分な睡眠でも、良い仕事でも、しかるべき時間にしかるべき場所にいなければ決して実現できない、ということだ。

注意散漫を避けるには、一定の時間内により多く働けばいいと考えがちだが、本当の問題は、やると決めたことを実行する十分な時間を用意していないことにある。自分の時間をタイムボクシングして、最後まで忠実にそれをやり通し、自分との約束を守ろう。

この章のポイント Remember This

- まず自分のための時間をスケジュールに組み込もう。あなたは、生活の三つの領域の中心にいる。自分のための時間を確保できなければ、他の二つの領域に悪い影響が及ぶ。
- やると決めたことをするための場所にいるようにしよう。長い時間を投じても、望ましい結果が出るとは限らないが、どれぐらいの時間を注ぐかは、自分でコントロールできる。
- インプットは、結果（アウトカム）よりはるかに確実だ。望む人生を生きるために、唯一、注意を向けるべきは、価値観に従って生きる時間を確保することだ。

(*) キンドルの電子書籍は他のデバイスよりも睡眠に対する害が少ない。Anne-Marie Chang, Daniel Aeschbach, Jeanne F. Duffy, and Charles A. Czeisler, "Evening Use of Light-Emitting EReaders Negatively Affects Sleep, Circadian Timing, and Next-Morning Alertness," *Proceedings of the National Academy of Sciences* 112, no. 4 (January 27, 2015): 1232, https://doi.org/10.1073/pnas.1418490112.

第11章

人と交流する時間をスケジュールに組み込む

家族と友人は、私たちが人間関係、忠誠、責任についての価値観に沿って生きるのを手助けしてくれる。彼らはあなたを必要とし、あなたは彼らを必要とするので、彼らは単なる「残余受益者」よりはるかに重要だ。この「残余受益者」という言葉を私が初めて聞いたのは、大学の経済学入門の授業だった。ビジネスの世界における「残余受益者」とは、会社が負債などを整理して解散した時に、残ったものを分配される人々で、大抵の場合、多くは得られない。人生において、私たちが愛する人々はもっと多くを受け取るべきだが、私たちが時間配分を注意深く計画しなければ、彼らはまさに残余受益者になってしまう。

私が最も重視する価値観の一つは、思いやりのある楽しい父親として積極的に子どもと関わることだ。私はこの価値観に沿って生きることを目指しているが、いつも子どもに寄り添う父親でいることが、自分にとって常に「都合が良い」とは限らない。私のウェブサイトがダウンしていることをクライアントがメールで教えてくれたり、来るはずだった配管工が、電車が止

まっているので予定を変更してほしいとメールで連絡してきたり、私のカードに想定外の請求が来ていることを銀行が通知してきたりした時、娘は私のそばに座って、トランプゲームで私が次の札を出すのを待っている。

この問題と戦うために、私は会議の時間や、自分のための時間を組み込むのと同様に、娘と過ごすための時間を毎週の予定に組み込み、娘と過ごすための時間を確保しているのだ。

ある日の午後、私と娘は一緒に町でやりたいことを数え上げ、その一つひとつを小さな紙に書きだした。そして、それらを全部丸めて、「お楽しみ用の瓶」に入れた。現在、私たちは毎週金曜の午後に、その瓶から丸めた紙を一つ取り出し、そこに書かれていることを実行している。美術館に行ったり、公園で遊んだり、町の反対側にある人気のアイスクリームパーラーに行ったりもする。それは私たち二人だけのための時間だ。

正直なところ、このアイデアがいつもうまくいくわけではない。ニューヨークの気温が氷点下の日に、公園に行く気には到底なれない。そんな日は、一杯のホットココアと『ハリーポッター』を数章読むほうが、どちらにとってもはるかに魅力的だ。しかしそんな日があったとしても、重要なのは、価値観通りに生きるための時間を週間スケジュールに組み込み、最優先させていることだ。スケジュールの中にこの時間があるから、私は自分が理想とする父親でいられる。

同様に、妻のジュリーと私は、互いのために使う時間を予定表に書き入れている。月に二度、私たちは特別なデートを楽しむ。ライブを見にいくこともあれば、外国の料理を食べることもあるが、通常は数時間、話しながら散歩するだけだ。何をするかに関係なく、この時間は私たちのスケジュールの中で不動のものであり、他の目的で使われることはない。この時間をスケジュールに組み込んでいなければ、日々は、食料の買い出しや家の掃除などの雑事に追われるうちにどんどん過ぎていくだろう。二人で過ごす時間を確保できているので、私は夫婦の親密さについての自らの価値観を十分に発揮できる。私は他の誰よりも妻に対して心を開いて話すことができるが、それは、そうする時間を持っているからだ。

夫婦平等は、私が結婚生活で大切にしたいもう一つの価値観だ。私はいつもその価値観に沿って行動しているつもりだったが、それは間違いだった。明確なスケジュールをまだ組んでいいなかった頃の私たちは、家事をめぐってよく言い争っていた。多くの研究が、通常、夫の家事負担が不当に少ないことを示している。[注1] 認めたくはないが、私もそんな夫の一人だった。ニューヨークシティの心理学者ダーシー・ロックマンはワシントンポスト紙に、「共働きの夫婦では、妻が育児の65パーセントを担っており、この数字は今世紀の初めから変わっていない」と書いている。[注2]

しかし、ロックマンが調査のためにインタビューした多くの男性と同じように、私はどういうわけか、妻が一人で家事をこなしていることに気づいていなかった。同じようなことを、ある母親がロックマンに語っている。

> 私が駆けずり回って、子どもの荷物を取ってきたり、洗濯をしたりしている時に、夫は携帯やパソコンの画面を見ています。朝、私がお弁当を詰め、娘の洋服を揃え、息子の宿題を手伝っている時に、夫はコーヒーを飲みながら携帯を見ています。夫はただそこに座っているだけです。わざとそうしているわけではありません。自分の周りで起きていることに気づいていないのです。なぜ何もしてくれないのかと尋ねると、夫は弁解を始めます。

まるで私の妻が語っているかのようだった。しかし助けが必要なら、妻はなぜそう言わなかったのだろうか。あとになって気づいたが、私にどう手伝わせるかを考えること自体が、妻にとっては手間だったのだ。妻には考えなければならないことが山ほどあったので、私に手伝い方を説明する余裕がなかった。妻が私に望んでいたのは、頼まれなくても率先して手伝うことだ。だが、私はどうすればいいかわからなかった。見当もつかなかったので、戸惑って立ちつくしているか、そうでなければ、他のことをするため逃げるように退散した。夕方は大抵そんな具合で、その結果、夕食が遅くなり、妻は傷つき、時には泣いた。

妻とデートしたある日、私たちは腰を下ろして、それぞれがしている家事をすべて書きだし、漏れがないか確認した。妻の（果てしないと思える）リストと私のリストを比べると、夫婦平等という私の価値観が危機に瀕していることがわかった。そこで、家事の分担を妻と約束し、最も重要なこととして、それらの仕事を各自のスケジュールに組み込み、誰がいつするかをはっきりさせた。

家事をより平等に分担する方向に進んだことで、夫婦平等という価値観は息を吹き返し、幸せな関係が長続きする可能性も高まった。ロックマンの研究はこの効果を裏づけている。彼は言う。「夫婦の平等は結婚の成功を後押しし、不平等はそれを損なうことを示す調査と臨床研究は増える一方だ」

私の場合、妻と娘のための時間をスケジュールに組み込み、彼女たちが「残余受益者」ではないことをはっきりさせた結果、人間関係は大きく改善した。

最愛の人々を、余り時間で満足させてはいけない。自分の価値観を守り、仕事を分担するための時間をスケジュールに組み込めば、誰もが恩恵を受ける。

この領域に含まれるのは家族だけではない。大切な人と過ごすための時間をスケジュールに組み込まないことのダメージは、ほとんどの人が考えるよりずっと大きい。最近の複数の研究から、社会との交流の不足は孤独につながるだけでなく、体の健康にさまざまな悪影響を及ぼすことがわかった。親密な友情の欠如は、あなたの健康を脅かしかねない。

友情が寿命を延ばすことについて、最も有力な証拠をもたらしたのは、ハーバード大学で進められている成人の発達に関する研究だろう。[注3] 1938年から始まったその研究は、724人の男性の身体的健康と社会的習慣を継続的に調査してきた。現在その研究を指揮しているロバート・ウォールディンガーは、TEDxトークでこう語った。「75年にわたる研究から得られた明らかなメッセージは、良い人間関係は私たちをより幸福にし、より健康にする、ということです」。社会的なつながりが乏しい人は、「より不幸せで、健康は中年期の早い時期から下り坂で、脳の働きも早々に衰え、孤独でない人より、人生は短い[注4]」。ウォールディンガーは、「大切なのは、友人の数ではなく、……人間関係の質です」と警告する。

では、いったい何が、質の良い友情を生み出すのだろうか。オハイオ大学の教授で、対人コミュニケーションを専門とするウィリアム・ローリンズは、人生における人間関係の影響について研究している。彼はアトランティック誌の記事で、友人関係の満足度を上げる三つの条件を挙げている。それは、「話し相手になる、頼りになる、一緒にいて楽しい」である。[注5] この三条件を満たした人を見つけるのは、若い頃ならごく自然にできる。しかし、大人になると、友情を保つのが難しくなる。私たちは学校を卒業すると別々の道に進み、キャリアを積み、親友とは遠く離れた場所で新しい生活を始める。

そうなると、仕事上の責任と野心が、友人とビールを飲むことより優先されるようになる。加えて、子どもが生まれると、以前は夜の街で陽気に過ごした時間を、ソファーの上でくたくたになって過ごすようになる。そして残念なことに、友人との交流に使える時間が少なくなると、次第に友人がいないほうが楽になり、ついには、ご無沙汰しすぎたせいで連絡するのが気まずくなる。

＝ こうして友情は消える――友情は餓死する

しかし、先の研究が明らかにした通り、友情を飢えるままにしておくと、体と心も栄養が足りなくなる。友情にとっての栄養が一緒に過ごす時間だとしたら、どうすれば、そのための時間をつくることができるだろうか。

私と友人たちは、多忙なスケジュールや育児疲れをものともせず、定期的に集まることにしている。私たちはそれを「キブツ」と呼んでいる。ヘブライ語で「集会」という意味で、私たち夫婦を含む4組のカップルが2週間に一度、戸外でランチを食べながら一つのテーマについて話し合う。ピクニックしながらの双方向型TEDトークのようなものだ。テーマは「親に教えてもらって、感謝していることは何か?」といった深い問いから、「ピアノなど、子どもがしたがらない習い事を、無理にでも習わせるべきか?」という現実的な問題までさまざまだ。

テーマを決めることには二つの利点がある。一つは、スポーツや天気などについての世間話ではなく、本当に重要なことについて話せることだ。もう一つは、カップルの集まりでは起こりがちな、男性はあちら、女性はこちらという性差による分裂を防げることだ。その日のテーマを決めておけば、全員が会話に参加できる。

この集まりの最も重要な特徴は、継続性だ。キブツは全員のカレンダーに書き込まれていて、雨でも晴れでも、1週間おきに同じ時間に同じ場所で開かれる。計画や実行に関して、メールのやり取りをすることはない。おまけに、それぞれのカップルは自分たちが食べるものを持参するので、誰も準備や後片づけをしなくていい。出席できないカップルがいても問題はなく、キブツは予定通りに開かれる。

この集まりは2時間ほどで終わり、私はいつも新しいアイデアと洞察を得て、家に戻る。最も重要なのは、友人たちとの親密なつながりを感じられることだ。親密な友情が大切であることを思えば、それを育むための計画を立てなければならない。私たちはキブツのための時間を確保しているので、必ずそれを開くことができる。
友だちとどのような活動をするにしても、重要なのはそのための時間をスケジュールに組み込むことだ。友人と過ごす時間はただ楽しいだけでなく、将来の健康と幸せへの投資である。

この章のポイント Remember This

- 愛する人のためには、残った時間を使うだけではとても足りない。大切に思う人のために使う時間をスケジュールに組み込もう。
- 大切な配偶者とは、デートの日をスケジュールに組み込むだけでは足りない。家事を平等に分担するために、そのための時間を日程表に書き込もう。
- 親密な友情の欠如は、健康に悪影響を及ぼす可能性が高い。定期的な集まりをスケジュールに組み込み、大切な人間関係を維持できるようにしよう。

第12章

利害関係者とスケジュールを調和させる

生活の他の領域と違って、仕事のための時間をつくることについては、念を押す必要はないだろう。この領域に関して、あなたに選択の余地はあまりないはずだ。しかし、起きている時間の大半が仕事のために費やされることを思えば、その過ごし方を自分の価値観と一致させることは、きわめて重要である。

仕事を通じて私たちは、協力的で勤勉で根気強い、という価値観を発揮できる。また、顧客や重要な目的のために働くことは、意義深い時間の過ごし方でもある。だが残念ながら多くの人にとって仕事の時間は、絶えず入る邪魔と、無意味な会議と、尽きることのない電子メールのせいで、慌ただしく過ぎていく。

そうならないためにも、職場で自分の時間をどう使うかをはっきりさせれば、良好な人間関係の核となる信頼を育み、より充実した時間を過ごせるようになるはずだ。

どの企業も独自の方針を持っている。しかし、社員が就業時間をどのように使って仕事をこ

なしているかを、しっかり把握している経営者は少ない。それは社員のほうも同じで、職場の内外で自分の時間をどう使うべきかがわかっている人は少ない。就業時間のあと、仕事に対してどこまで責任を負うべきか。ハッピーアワー（仕事帰りの同僚との一杯）や、その他の社内行事に参加しなければならないのか。経営者や顧客は社員に、残業してでも締め切りに間に合わせることを期待しているのか。本社のお偉方が立ち寄った時には、夜遅くまで帰宅できないことを妻に知らせるべきか。

これらの問いが重要なのは、その答えが私たちのスケジュールに直接影響し、結果的に、生活の他の領域のための時間に影響するからだ。近年行われた調査によると、専門的職業に就く人の83パーセントが、就業時間外にもメールをチェックしている。[注1] 同じ調査で、回答者の三分の二は、休暇中も、ノートパソコンやスマホなど仕事関連のデバイスを持ち歩いていることが明らかになった。さらには、回答者のおよそ半分が、家族や友人との食事中に仕事関連のメールを送ったことがあると答えた。

遅くまで残業したり、就業時間外でも仕事関連のメッセージに返信したりすることは、家族や友人と過ごす時間や、自分のために使う時間が減ることを意味する。これらの要求が社員の想定をはるかに超えるようになれば、会社への信頼や忠誠心は損なわれ、健康や人間関係にも悪影響が出るだろう。なお悪いことに、これらの問いの答えを知る頃、私たちはすでにその役割から抜け出せなくなっている。

一方、雇用主の側もわからないことは多い。仕事やプロジェクトが、自分が期待した通りに進まない時、経営者にはその理由がわからない。あの社員は仕事の能力が低いのだろうか。やる気がないのか。別の仕事を探しているのだろうか。時間をどう使っているのか。そんな場合、経営者は往々にして、社員にさらに長く、たくさん働くことを求める。しかし、そのような条件反射的な対応は、職場での人間関係に圧力をかけ、消極的反抗を引き起こす。

それはどのような反抗だろうか。よくあるのは、無意識ながら、優先度の低い仕事をしたり、自分の机でだらだらしたり、同僚とおしゃべりしたりして、総じて仕事の成果を減らすことだ。反抗の別の形は、（こちらも、恐らく無意識に）仕事のように見えるが、会社の目標と一致しない行動をとって、（例えば、自分の関心事や社内政治、不要不急の電子メールや会議に時間を使うなど）、会社の業務を妨害することだ。この種の反抗は、労働時間が長くなると増えるようだ。

実際、いくつかの研究により、週に55時間以上働くと生産性が落ちることがわかっている。生産性が落ちるだけでなく、エラーが増えたり、同僚に無益な仕事を押しつけたりすることで、さらに多くの時間がとられ、生産性はますます下がる。(注2)

この愚行を解決する方法はあるだろうか。

スケジュールの詳細なタイムボクシングは、雇用主と社員が交わす重要な労働協定の内容をはっきりさせるのに役立つ。

スケジュールを定期的に見直すことにより、雇用者も社員も、労働時間が適切に使われているかどうかを正確に把握し、より重要な仕事に時間を充てられるようになる。

ニューヨーク・マンハッタンの大手テクノロジー企業で広告営業部門の管理職をしているエイプリルは、過剰な仕事量に忙殺されていた。もっと売るために、もっと働かなければ、という管理職としてのプレッシャーは強まる一方で、本来の優しい気性も損なわれつつあった。そのプレッシャーのため会議や予想外の会話や電子メールは増加し、エイプリルのスケジュールはパンパンだった。余分な仕事が増えたせいで、顧客への対応や商談中の取引を契約まで持ち込み売り上げを伸ばすといった、より重要な仕事に集中できなくなった。

私がオフィスを訪ねた時、エイプリルは見るからに疲れ果て、途方に暮れていた。この先の2カ月で、1500万ドルという年間販売ノルマの三分の一以上を達成しなければならないという。目標は達成できそうにない、そうなったのは自分のせいだ、自分はもっとよく働かなければならない。エイプリルはそう思い込んでいた。彼女の考えでは「もっとよく働く」というのは、より長く働くことを意味した。

生産的にならなければと焦るあまり、エイプリルは生活の他の領域を顧みなくなった。しかし問題は、彼女の生産性ではなかった。実のところ彼女は、少ない時間で多くのものを生み出す、生産性の高い社員だった。問題は、スケジュールを立てていないことにあったのだ。加えて、悪いのは自分であって、時間の使い方ではないという思い込みが追い打ちをかけた。「私はのろますぎて」と、ある日、ランチを食べながら彼女は言った。しかし彼女はのろまではなく、管理職という役割に必要な、生産性を向上させるツールを持っていないだけだった。

エイプリルは仕事のスケジュールを組むことに慣れていなかったが、職場で過ごす時間を細分化して、重要な仕事に多くの時間をかけられるようにした。クライアントに送る企画書は、何にも邪魔されず迅速に書いたほうが良いものになると考え、まず、集中を要する仕事のための時間を確保した。また、途中で他の用事をすると、元のペースに戻るのが難しく、仕事のスピードが落ちると感じていたので、クライアントへの電話と会議のための時間を決め、メールやメッセージを処理するための時間も午後に確保した。私は彼女に、そうやってつくった自分のスケジュールを、上司のデーヴィッドに知らせておくことを勧めた。

エイプリルにとって意外だったのは、そのスケジュールを見たデーヴィッドが、1日をより計画的に過ごしたいという彼女の意向を十二分に支持してくれたことだ。「デーヴィッドは、私が力を浪費していることを知っていました」と彼女は言った。「1週間のスケジュールを見せると、彼はほっとしたようでした。そして、いつ電話やメールをしたらいいかがこのようにわかっていると助かる、と言いました。家族との時間を邪魔するのではないかと、心配しなくてすむからだそうです」

エイプリルはデーヴィッドと話し合ううちに、自分の予定表を埋めていた用事の多くは、彼から見れば重要でなかったことに気づいた。むしろ彼が望んでいたのは、顧客との取引のためにより多くの時間を使うことだった。こうして二人は新たな協力体制を敷いた。デーヴィッドは彼女に、これからは今までのように多くの会議に出席しなくていいし、多くの人の助言者の役目を担う必要もない、と言った。「そうしなくても出世の妨げにはならないよ。一番重要な仕事、つまり、収益を増やすために時間を使うのならね」という彼の言葉を聞いて、エイプリルはほっとした。

この協力体制を維持するために、エイプリルとデーヴィッドは毎週月曜の午前11時に、15分間のミーティングを行ってその週のスケジュールを前もって検討することにした。そうすれば、エイプリルが時間をうまく使っているかどうかを確認できるし、必要に応じてスケジュールを調整することもできる。そうするうちに彼女は、勤務時間を以前より上手にコントロールできるようになった。また、夜間に仕事関連の電話にとられていた時間が減ってきたことも実感した。彼女はこの結果に満足している。1週間の詳細なスケジュールを決めたことで、自分の価値観を尊重し、集中を阻害するものを減らし、最終的に、本当にやりたいことをするための時間をより多く持てるようになった。

エイプリルの例は、誰にでも当てはまるわけではないし、彼女の時間配分の仕方は、あなたとは違うだろう。しかし肝心なのは、家族や上司に自分のスケジュールを知らせておくことだ。とりわけ重要なポイントは、自分の時間の使い方について上司と対等な立場で話し合って、定期的に調整することだ。

もし、スケジュールを週単位で調整できるのなら、毎週、見直して、上司の同意を得よう。スケジュールが毎日変わる場合は、毎日、上司と短時間の確認をすれば、双方にとって有益だ。スケジュールを複数の上司に報告しておくと、自分の時間の使い方についてより広い協力体制を敷くことができる。スケジュールに透明性を持たせれば、何が行われているかが、誰からも確認可能になる。

注意散漫を防ぐモデルには四つの段階があることを覚えているだろうか。内部誘因を管理するのは第一段階で、集中するための時間をつくることは第二段階だが、できることはもっとある。それについてこれから学んでいこう。パート5では、職場における社風の役割と、継続的な注意散漫が組織の機能障害の前兆になる理由を掘り下げる。現段階では、自分と周囲のスケジュールを調和させることは、シンプルだが非常に効果があると言うにとどめておく。

職場でも家庭でも、あるいは自分のためだけであっても、前もって計画を立て、スケジュールをタイムボクシングすることは、注意散漫を避けるための基本である。自分の時間の使い方を決め、利害をともにする人々のスケジュールと調和させることで、重要なことを確実に実行し、重要でないことを無視できるようになる。そうすれば日常の雑事から解放され、決して無駄にできない時間を、取り戻すことができる。

しかし、時間を取り戻せたとして、どうすればそれを最大限に活用できるだろうか。この問題を次章で掘り下げよう。

この章のポイント Remember This

●上司や同僚と自分のスケジュールを調整・共有することは、集中する時間をつくるためには欠かせない。同僚や上司は、あなたのスケジュールを知らなければ、不必要な仕事であなたの気を散らす可能性が高い。

●自分のスケジュールが変わるたびに、周囲と共有しよう。あなたのスケジュールの基本形が毎日変わるのなら、毎日調整・共有しよう。しかし、ほとんどの人は週1回の調整で十分だ。

PART 3

外部誘因にハックバックする

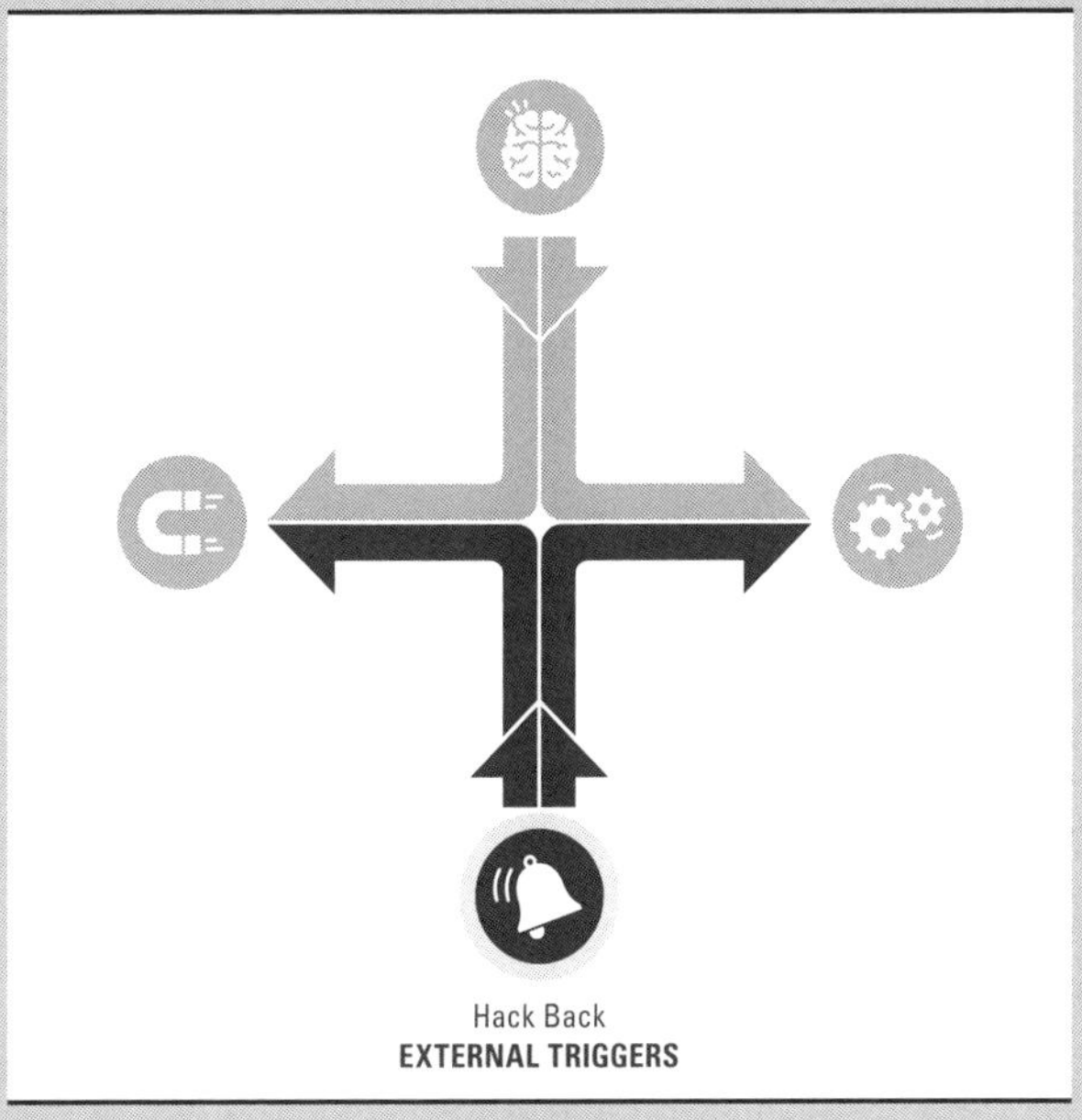

第13章 重要な問いかけ

フリーランスのマーケティングコンサルタントであるウェンディは、これからの1時間で自分が何をしなければならないかを、日程表を見て確認した。(注1) 午前9時にオフィスの椅子に座って、新たなクライアントのための企画書を書くことが、その日の一番重要な仕事だった。ウェンディは、ノートパソコンを起動し、是が非でもこの仕事をものにしたいと思いながら、そのクライアントのファイルを開いた。コーヒーのマグを両手で持って、一口飲んだ時、企画書に盛り込むことのできる素晴らしいアイデアが頭に浮かんだ。「きっとうまくいくわ!」と彼女は思った。

しかし、そのアイデアを書き留めようとした時に、スマホの通知音が鳴った。無視して、数語書き留めたが、また別の通知音が鳴った。彼女の集中は途切れ、いったい誰からだろうと、気になり始めた。もし、クライアントからのメールだったらどうしよう。

スマホを手にとったが、有名なラッパーのくだらないツイートがソーシャルメディアで反響を呼んでいるのがわかっただけだった。そのアプリを終了させた後、また別の通知に目が留まった。母からの「おはよう」のメッセージだった。ウェンディは、自分は元気だと知らせるために、絵文字のハートだけの返信を送った。あ、あれは何？　鮮やかな赤い通知がリンクトインで点灯している。新しい仕事のお誘い？　違った。彼女のプロフィールを見たリクルーターが、気に入った、と知らせてきたのだ。

ウェンディは返信したくなったが、すでに9時20分になっているのに、企画書はまったく進んでいなかった。最悪なのは、企画書に盛り込もうとしていたアイデアを忘れてしまったことだ。「どうしてこうなっちゃったの？」と彼女は心の中でぼやいた。大事な仕事なのに、一向に進まない。またもや注意散漫のせいだ。

あなたにも覚えがあるのではないだろうか。私たちの多くは、まさにこのような朝を何度も経験してきた。こうした場合に私たちの気を散らすのは、内部誘因ではない。私たちの周囲には、通知音やアラーム、それに他人といった外部誘因があふれており、それらを無視するのは難しい。

今こそ、「ハックバック」すべき時だ。テクノロジー用語の「ハック」は、「承認を得ずにシステムやコンピューターのデータにアクセスする」ことを意味する。(注2) 同様に、ハイテク機器は、承認を得ないまま私たちの脳にアクセスして、注意散漫をもたらしている。フェイスブックの初代社長ショーン・パーカーは、ソーシャルネットワークが人間の行動を操作するよう設計されていることをほぼ認めた。[注3]「ソーシャルネットワークは社会的評価によるフィードバックのループであり、(中略)まさに私のようなハッカーが思いつく類いのものだ。なぜなら、それは人間心理の脆弱性につけこんでいるからだ」と彼は言った。

ハックバックする、すなわち、ハックに反撃するには、まず、ハイテク企業が外部誘因をどのように使ってこれほど大きな影響を及ぼしているかを理解する必要がある。パーカーが言う「人間心理の脆弱性」とは、具体的にはどういうものなのか。

スタンフォード大学の説得技術研究所の創設者であるB・J・フォグは2007年に、「集団説得」をテーマとする講義を行った。出席した学生の何人かは、のちにフェイスブックやウーバーなどの企業で、フォグのメソッドを活用した。インスタグラムの共同創業者マイク・クリーガーは、フォグの講義で学んだことを生かしてインスタグラム・アプリの試作品をつくり、最終的に10億ドルで売却した。

当時、スタンフォードビジネススクールの学生だった私は、フォグの自宅で開かれた1週間のリトリート(勉強会)に参加し、彼の説得メソッドをさらに深く学んだ。私にとってフォグから直接学んだことは、人間行動を理解する上での転機となり、世界観が一変した。

行動(B=behavior)を起こすには、動機(M=motivation)、能力(A=ability)、誘因(T=trigger)が必要、というのがフォグの行動モデルだ。簡単に表現すれば、B=MATである。

かつて、ロチェスター大学心理学教授エドワード・デシは、動機を「行動のためのエネルギー」と定義した。[注4] 強く動機づけられている時、人は強い願望、すなわち、行動に必要なエネルギーを持っている。そのエネルギーが欠けていると人は動機づけられない、というのがデシのモデルだ。一方、フォグのモデルでは、行動を起こすか起こさないかには、「能力」（ability：実行しやすさ）が関係してくる。簡単に言えば、人は、実行しにくい行動はとろうとせず、実行しやすい行動をとろうとする。

十分な動機と能力があれば、行動を起こす準備が整う。しかし、重要な第三の要素がなければ、その行動は起きない。その要素とは、誘因である。行動を起こすには、何をすべきかを指示する誘因が常に必要とされる。

内部誘因についてはすでに論じたが、私たちが日々使う製品や他者による妨害は、注意散漫をもたらす外部誘因と見なせる。

> 今日、注意散漫との戦いの大半は、
> 外部誘因との戦いである。

2003年、ブラックベリーがプッシュ型電子メール（メールがサーバーに届いたら即時に受信者に通知する機能）を市場に出した時、ユーザーは喜んだ。なぜなら、重要なメールを見逃さないために四六時中、受信箱をチェックしなくてもよくなったからだ。「電子メールが届いたら携帯が教えてくれる、とブラックベリーは約束した」とデビッド・ピアスはワイヤード誌に書いた。(注5)ほどなくして、アップルとグーグルも同様の機能を自社の携帯のシステムに組み込んだ。「突如として誰でも、ある人の注意を引きたい時に、その人の携帯に飛び込めるようになった」とピアスは続ける。「プッシュ通知は販売者の夢を実現した。というのも、ユーザーは、届いたテキストや電子メールを削除する際に、否応なくそれらに目を通すからだ」

そうしたメール・チェックは高くつき、私たちは、計画していたタスクの中断を強いられる。その後、失われた時間を埋め合わせるために仕事のスピードを上げようとするが、それがさらなるストレスとフラストレーションにつながることを研究者たちは発見した。(注6)

脳は、外部誘因に反応すればするほど、終わりのない「刺激－反応ループ」に慣れていく。刺激に即座に反応できるように、私たちは自分を訓練するのだ。やがて、計画していたタスクの遂行は到底無理だと思うようになる。なぜなら目の前のタスクに集中せず、外部誘因に反応してばかりいるからだ。

では、どうすればいいのだろうか。外部誘因をただ無視するのはどうだろうか。通知や呼び出し音、その他のあらゆる妨害に反応しなければ、それらはじきに静まり、私たちは仕事を続けられるのではないだろうか。

しかし、話はそれほど簡単ではない。ザ・ジャーナル・オブ・エクスペリメンタル・サイコロジー：ヒューマン・パーセプション・アンド・パフォーマンス誌に掲載された研究により、スマホの通知に気づきながら無視しようとすると、それらに反応するのと同じくらい注意散漫になることが判明した。[注7] 同様に、テキサス大学で行われた研究の論文には、「スマホが存在するだけで、『頭脳流出』につながる恐れがある。なぜなら、容量に限りのある注意力が、無意識のうちに、スマホへの関心を抑制するのに駆り出され、目の前のタスクに集中できなくなるからだ」と記されている。スマホが視野にあるだけで、脳はそれを無視するために懸命に働かなくてはならない。しかし、スマホに容易に近づけないか、見えるところにそれがなければ、脳はタスクに集中できる。

ありがたいことに、外部誘因がすべて集中にとって有害なわけではない。外部誘因を有効活用する方法は多い。例えば、人を励ますショートメッセージは禁煙に役立つ。[注8] 10カ国で行われた介入をメタ分析したところ、「テキストメッセージによる介入が喫煙行動を減らすことを支持する十分な証拠」が見つかった。[注9]

しかし、有益なものもあるとはいえ、外部誘因があまりに多いと、生産性と幸福が損なわれる。どうすれば外部誘因を良いものと悪いものに区別できるだろうか。その秘訣は、次の重要な問いの答えにある。

> この誘因は私のためになっているか、
> それとも私が誘因のためになっているのか。

フォグの行動モデルが示した通り、どの行動にも動機と能力と誘因が必要とされることを思い出そう。良い知らせは、プラスにならない外部誘因を排除すれば、注意散漫をコントロールできるようになることだ。

集中できなくて困っていたウェンディは、この重要な問いを自問することで、プラスにならない外部誘因を排除できるようになった。どの誘因が自分を集中に導き、どの誘因によって、自分が他者にコントロールされているかを、見極められるようになったのである。

この重要な問いのレンズを通してみると、誘因の実体が見えてくる。すなわち、誘因は「道具」なのだ。正しく使えば、それらは私たちが集中するのを助けてくれる。ある誘因が、私たちを集中に向かわせ、計画の実行を助けるのであれば、それは私たちのためになっている。逆に気を散らすようなら、ためになっていない。

この先の章では、テクノロジーと物理的環境を巧みに扱って、プラスにならない外部誘因を排除する実践的な方法をいくつか紹介する。デバイスの設計者が意図しなかった形で、デバイスにハックバックしよう。それこそが重要だ。本来、テクノロジーは私たちに仕えるべきであって、その逆ではないのだから。

この章のポイント Remember This

- 外部誘因は注意散漫を招きやすい。他人からの妨害だけでなく、デバイスの呼び出し音など周辺環境にある要因が、往々にして私たちを横道にそらせる。
- 外部誘因がすべて有害なわけではない。集中を導く外部誘因は、私たちのためになる。
- この誘因は私のためになっているか、それとも私が誘因のためになっているのか、と自問しよう。そうすれば、自分のためにならない外部誘因にハックバックできる。

第14章 仕事を妨害する誘因にハックバック

病院は病気を治す場所のはずだ。では、毎年40万人ものアメリカ人が、病院で間違った薬を処方されて健康を害しているという事実は、どう説明すればよいのだろうか。人数が多いのに加えて、この予防可能なエラーのせいで、約35億ドルもの医療費が余計にかかっている。(注1) 外科医マーティン・マカリーとジョンズ・ホプキンス大学の研究者マイケル・ダニエルによると、「医療ミスを病気と見なせば、それはアメリカの死因第3位にランクされる」そうだ。(注2)

カイザー・パーマネンテ南サンフランシスコ医療センターには、投薬ミスを防ぐ方法を開発するチームがあり、正看護師のベッキー・リチャーズはそのメンバーだった。職業柄、彼女は、外部誘因が多く気が散りやすい環境では、高い訓練を受けた人でも人為的なミスを犯しやすいことを知っていた。実際、調査により、看護師の投薬中に5回から10回、邪魔が入ることが判明している。(注3)

リチャーズはいくつかの解決策を提案したが、その一つは、少なくとも初めのうちは、同僚の間で不評だった。それは、看護師が明るい色のベスト（工事現場の作業員などが着用するオレンジ色の安全ベストに似たもの）を着て、投薬中なので邪魔しないように、と周囲の人々に知らせるというものだ。「看護師たちは、それを侮辱のように感じました」と、リチャーズは看護師のウェブサイトRN.comで語る。[注4] しかしその後、彼女は、エラー率が特に高く、解決策を渇望している腫瘍科の看護師たちに出会った。

当初、この看護師たちはベストの着用に乗り気だったが、いざ実行してみると、リチャーズが予想した以上に、評判は悪かった。オレンジ色のベストは「安っぽく」見えるし、暑くて不快だという声があがり、また、なぜベストを着ているのかと医師たちが尋ねるのでかえって煩わしい、という不満もあった。「反応があまりに悪かったので、私たちはそのアイデアを諦めるつもりでした」とリチャーズは振り返る。

しかし、4カ月試行したのち、リチャードは病院の管理部門から思いがけない結果を知らされた。実験に参加したグループのエラー率が、47パーセントも減少していたのだ。すべてはベストを着用したからであって、彼女たちは中断されない環境をつくることの重要性を学んだ。「その時私たちは、何より大切なのは、患者さんに気持ちを集中させることだと気づきました」とリチャーズは言い添える。看護師たちは一人また一人とベストを着るようになり、やがてベストの着用は病院全体に広がり、他の病院にまで広がっていった。病院の中には、看護師が薬を準備する場所の床に「聖域」のマークを入れるといった独自の解決策を実践するところも出てきた。[注5] また、看護師が邪魔されずに作業できるよう、専用の部屋や遮光カーテンを設ける病院もあった。

不要な外部誘因の遮断がエラー削減に役立つことを示す研究結果は、増える一方だ。

> カリフォルニア大学サンフランシスコ校が取りまとめた複数の病院での調査によると、ベストを着用したことで、エラー数は3年間で88パーセント減少した。[注6]

同大学で統括看護師リーダーシップ・プログラムのディレクターを務めるジュリー・クリガーは、2009年にSFGate.com（サンフランシスコ・クロニクル紙のウェブサイト）のインタビューを受けて、そのプログラムのヒントは医療とは無関係の場所から得た、と語った。それは航空業界である。1980年代、パイロットの注意散漫から複数の事故が起きたため、航空業界では、「ステライル・コックピット（無菌操縦室）ルール」と呼ばれる一連のルールが定められた。それは、旅客機のパイロットが高度1万フィート以下を飛行中に業務以外の活動を行うことを禁止した。特に、「業務以外の会話」に注目し、フライト中、最も危険な離陸時と着陸時に、客室乗務員がパイロットに連絡することを禁じた。[注7]

クリガーはこう説明する。「（注意散漫が危険を招くゾーンは）ボーイング747のフライトでは、

1万フィート以下を飛行する時ですが、看護師にとっては投薬時です」。リチャーズの報告によると、ベストを着用した看護師たちは、ミスが減るだけでなく、仕事に集中できて、作業が速くなる、と感じている。カイザー・パーマネンテ・ウェスト・ロサンゼルス・メディカル・センターの看護師スージ・キムは、ベストを着用すると「思考が明瞭になる」と表現した。(注8)

看護師のような医療従事者に比べると、注意散漫が致命的な結果につながる可能性は低いものの、集中を要する他のどんな仕事においても、中断は効率を下げる。そして残念ながら、中断は、今日の職場のいたるところで起きている。

その原因の一つは、作業空間のレイアウトにある。現在、アメリカのオフィスの70パーセントはオープンスタイルになっており、(注9)社員は壁に仕切られた部屋ではなく、同僚のデスクから休憩室、応接室にいたるまで、オフィス全体を見渡せる環境で働いている。

このようなオープンオフィスは、アイデアの共有や協業を促進するとして推奨されてきた。だが、残念ながら、2016年に300件を超す論文を比較・分析したメタ研究によると、オープンオフィスの流行は、より多くの注意散漫を招いた。(注10)当然ながら、そのせいで社員の満足度は下がった。(注11)

注意散漫が認知能力を大きく損なうことを思えば、私たちもベッキー・リチャーズのように行動を起こすべきだ。もっとも、私はオフィスで「邪魔しないで」と書かれたオレンジ色のべ

オレンジ色のベストが投薬ミスを減らすように、
このカードはあなたが邪魔されたくないことを同僚に知らせる

ストの着用を勧めるつもりはないし、オフィスのレイアウトを閉鎖的にせよ、と主張するつもりもない。私が提案するのは、同僚からの妨害を阻止する、わかりやすくて効果的な方法だ。それはRed Light（赤信号）と書かれたカードをパソコンのスクリーンの上や目立つところに置くことだ（編集部注＊巻末にカードのサンプルを付けたので、切り取ってご活用ください）。

このカードの意味は誰でもわかるはずだが、その目的について同僚と話し合うことをお勧めする。そうすれば、同僚に同じことをするよう促し、気を散らさずに働くことの重要性について議論する入り口になるだろう。

しかし、時には、集中を邪魔されたくないというメッセージを、よりはっきりと伝えなければならないこともある。特に自宅で仕事をしている場合がそうだ。私の妻は、外部誘因を遮断するため

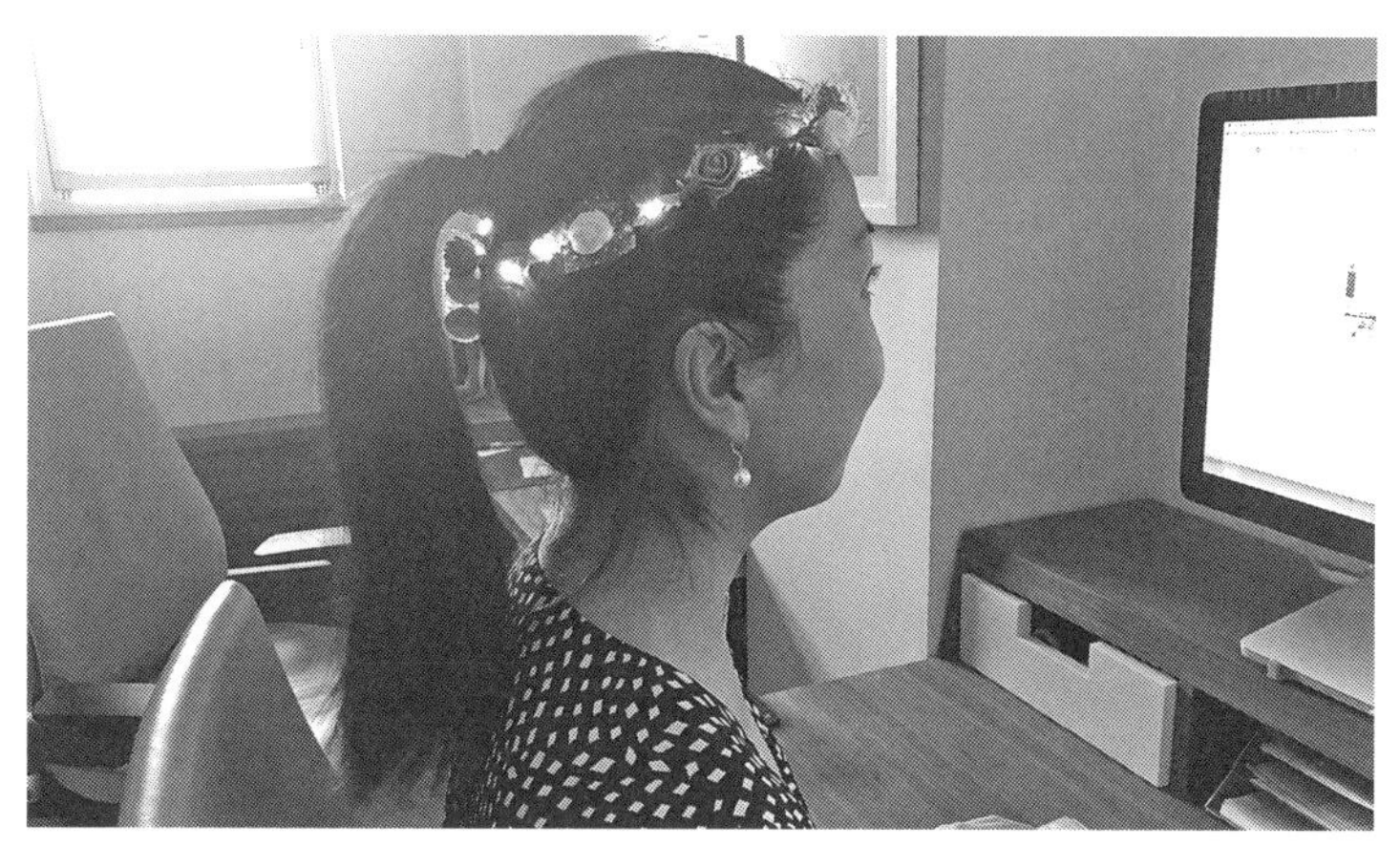

自宅で仕事をする時、家族は気を散らす原因になる。
私の妻の「集中の冠」は、邪魔してはならないことを私と娘に知らせる

に、アマゾンでセールになっていたヘッドバンドを数ドルで購入し、「集中の冠（かんむり）」と名づけた。その冠にはLEDライトがついていて、妻の頭の周囲でピカピカ光る。それが発するメッセージは到底、無視できるものではない。彼女がそれをかぶると、娘と私は、緊急の場合を除いて、邪魔してはならないことをはっきり悟る。妻にとってそれはお守りのようなものだ。

　オレンジ色のベストや赤いカード、ライト付きの冠などを通じて、自分は集中しているので邪魔しないでほしいというメッセージをはっきり示すことで、周囲の人々からの外部誘因を減らすことができる。それらを見た同僚や家族は、あなたの集中を妨げる前に、いったん立ち止まって、自らの行動を見直すだろう。

この章のポイント Remember This

- 中断はミスにつながる。頻繁に気を散らされると、仕事にベストを尽くせなくなる。
- オープンオフィスは注意散漫を招く。
- 自分の集中を守ろう。邪魔されたくない時は、カードなどでそれを周囲に知らせよう。

第15章

電子メールにハックバック

現代の勤め人にとって、電子メールは呪わしい存在だ。少々計算しただけで、この問題の大きさがわかる。オフィスで働く平均的な会社員は、1日に100通のメールを受け取る。[注1]読んだり返事をしたりするのに、1通当たり2分かかるとすると、総計は1日で3時間20分だ。朝9時から夕方5時まで働き、昼休みを1時間として、勤務時間の半分近くがメールに費やされることになる。

しかも現実には、これはかなり控えめな見積もりだ。なぜなら、この3時間20分には、メールをチェックして仕事に戻るまでの時間が含まれていないからだ。インターナショナル・ジャーナル・オブ・インフォメーション・マネジメント誌に掲載された研究によると、会社員がメールをチェックして本来の仕事に戻るまでに平均で64秒かかる。[注2]私たちがデバイスを1日に何百回もチェックすることを考えれば、その総計は相当な時間になるはずだ。

メールに費やす時間を有益な時間と考えてはいけない。ハーバード・ビジネス・レビュー誌に掲載された論文は、職場でメールに費やす時間の大半はまったくの無駄だと断じている。この著者たちの見積もりでは、管理職がメールに費やす時間は、「25パーセントが特にその人宛てではないメールを読むことに使われ、25パーセントがあえて答える必要のないメールへの返信に費やされる」(注3)。言い換えれば、私たちがメールに費やす時間の約半分は、天井のひび割れを数えるのと同じくらい非生産的なのだ。

なぜメールは、このように重大問題を引き起こすのだろうか。人がハマる心理学を理解すれば、答えが見つかるかもしれない。メールは、やみつきになる商品の典型と言えるだろう。やみつきになる第一の理由は、それが報酬をもたらすことだ。心理学者B・F・スキナーが発見した通り、ハトでさえ訓練によって報酬(エサ)を目当てにレバーを突くようになる。同様に私たちは、メールの不確実性という報酬に引かれて、しょっちゅうメールをチェックする。(注4)メールは良い知らせも悪い知らせも、ワクワクする情報もつまらない情報ももたらし、とても親しい人からも、見ず知らずの人からも届く。そのような不確実性のせいで、どんなメールが届いているだろうか、と私たちは強く興味を引かれ、落ち着かない気分になる。そしてその不安を和らげようと、クリックしては新着メールを確認する。

第二の理由は、人間には、相手の行動と同じように反応する傾向があることだ。誰かが「ハロー」と呼びかけてきたり、握手を求めてきたりすれば、こちらも同様の反応を返したくなる。そうしないのは非常識で冷たいように感じられる。このような傾向は、直接の人間関係には良い影響を及ぼすが、オンラインではさまざまな問題を引き起こす恐れがある。

第三の、そして恐らく最も現実的な理由は、電子メールが必要不可欠なツールになっていることだ。メールは日々の仕事や私生活の一部になっているので、それを手放すと、生活そのものが脅かされるように感じるからだ。

だが、私たちの時間と気力を奪う多くの事柄と同様に、電子メールもコントロール可能だ。メールの不健康な磁力を和らげるために、最小限の努力で最大限の結果を生むいくつかのテクニックをこれから見ていこう。

私たちがメールに費やす時間は、次の方程式で表すことができる。1日にメールに費やす時間の合計をTとし、受信するメッセージの数をn、各メッセージに費やす時間の平均をtとすると、T＝n×tである。万全に計画したはずの1日をメールがいかに台無しにするかを忘れないために、私は常に「Tnt」を念頭に置いている。

Tを減らすには、nとtの両方に対処する必要がある。まず、nを減らすにはどうすればいいかを考えてみよう。

人間には、相手の行動に同じように反応する傾向があるので、受け取る側がすぐ返信しそうなメッセージを送ると、終わりのないやり取りが続くことになる。

メールの受信を減らすには、
送信を減らさなくてはならない。

当然のことのように思えるが、多くの人はこの基本的な事実に即した行動をとっていない。相手の行動と同じように反応する傾向ゆえに、私たちはメッセージを受け取ったらすぐ返信してしまう。それが夜でも週末でも休日でもおかまいなしだ。

メールの多くは急を要するものではない。それでも私たちは、報酬に弱い脳のせいで、あらゆるメッセージを、一刻を争うもののように扱う。絶えずメールをチェックし、返信し、求められたことにすぐ応えようとする。そうした対応が事態を悪化させる。

営業時間を設ける

私の場合、著書や記事に関する問い合わせのメールが毎日たくさん届く。読者との対話は楽しいが、一つひとつに返信していたら、ほかのことをする時間がなくなってしまう。そういうわけで、私は「営業時間」を決めている。読者のために、私とやり取りする15分の時間枠を、ウェブサイトNirAndFar.com/schedule-time-with-meで予約できるようにしているのだ。

あなたもメールで緊急性のない質問を受けたら、次のように返信してみたらどうだろうか。「火曜日と木曜日の午後4時～5時に時間が取れます。その時までに解決していなければ、ご連絡ください。それについて話し合いましょう」。私が使っているような、時間枠を予約できるオンラインのスケジュール管理ツールもお薦めだ。

> ひと呼吸置くことで、
> 驚くほど多くの物事が重要でなくなる。

相手に待ってほしいと頼むことは、相手に自力で答えを見つける機会を与えることでもある。あるいは、相手がより重要な問題を見つけて、当初の問題がどうでもよくなることも多い。だが、そうやって時間を置いても、相手が自分では問題を解決できず、相変わらず対話を求めてきたら、どうすればいいだろうか。難しい問題は、メールでやり取りするより、直接会って対処したほうがいい。メールでは誤解が生じるリスクがあるからだ。つまり、複雑な問題については、勤務時間中に直接話し合うようにすれば、より良いコミュニケーションと、メールの削減につながる。

送信を遅らせて、ペースを落とす

メールの送受信を減らすには送るメールを減らすとよい、という処世訓に従うなら、書いたメールをしばらくしてから送信することで、電子メールのピンポンゲームの速度を緩める、というテクニックも検討する価値がある。思えば、メールは書き終えたそばから送るべきなどと、誰が決めたのだろうか。

幸いなことに、これについてもテクノロジーが助けになる。返事を書いてすぐ送信する代わりに、マイクロソフト・オフィスのメールソフトや、(注5) Gメールの拡張機能Mixmax(注6)を使えば、メッセージの送信を遅らせることができる。私は、返事を書きながらいつも、「この人はいつまでに、私の返信を読まなければならないだろうか」と自問する。

送信前に一つ余分にクリックして、そうしたツールを利用することで、電子メールは私の手元を離れるが、私が決めた時間まで相手に送信されない。その結果、1日に送るメールは減り、結果として1日に受け取るメールも減る。

送信を遅らせれば、その間に、メールに書かれている問題が他の方法で解決するかもしれない。また、あなたがメールを受け取りたくない時間帯に、メールが届く可能性も低くなる。金曜の午後に受信箱を空っぽにして、月曜まで送信を控えれば、同僚にストレスを与えず、あなた自身、返信に追われて週末を台無しにしなくてすむ。

不要なメッセージをなくす

最後に、受信メールを減らす、かなり効果的な方法がもう一つある。私たちは毎日、スパムメールや宣伝メール、ニュースレターの標的にされている。中には有益なものもあるが、ほとんどは無益だ。

二度と受け取りたくないメールを断つには、どうすればよいだろうか。そのメールが、過去に購読契約したものの今は無用なニュースレターなら、最善の方法はメールの末尾にある「定期購読解除」のリンクをクリックすることだ。私自身、メールで配信するニュースレターを書いている一人として、興味のない読者は定期購読をやめてほしいと思っている。私たち書き手は、リストに載っているメールアドレスごとにプロバイダーに料金を支払っている。だから、役に立つと思ってくれる人にだけ配信したいのだ。

とはいえ、スパムメールの中には、定期購読を解除しづらくしているものや、あなたが購読を解除した後も、しつこく送られてくるものもある。そのような場合は、それらのメールを「ブラックホール」に送り込むことをお勧めする。私は、メール振り分けソフトの SaneBox を使っている。それは、私が電子メールを使っている時にバックグラウンドで作動している。(注7) 届いたメールが、二度と受け取りたくないものだった場合、私はワンクリックでその送信者からのメールを SaneBox のブラックホールというフォルダに送る。そうすれば、SaneBox のプログラムが、その送信者からのメッセージを確実にブロックしてくれる。

もちろん、不要なメールの管理には時間はかかるが、それらが受信箱に入り込む可能性を減らすことで、メールの数は目に見えて減るだろう。

ここまでは、受信する電子メールの数（方程式のn）を減らす方法を見てきた。次は、二つ目の変数t、すなわちメールを書くのに費やす時間に移ろう。

メールは、1日中だらだらとチェックするより、まとめてチェックしたほうが効率的でストレスも少ない、という証拠は多い。(注8) 脳はタスクを切り替えるのに時間がかかるので、メールへの返信はまとめて書いたほうが、時間の無駄がない。そうは言っても、メールのチェックを1日待つわけにはいかない、とあなたは言いたいだろう。私も同感だ。急を要するものがないか確認するために、受信箱をチェックする必要はある。

メールのチェック自体は問題ではない。
問題は、常に、繰り返し、メールをチェックすることだ。

次の話を聞いて身に覚えはないだろうか。メール受信の通知があったので、クリックして受信箱の中をスクロールする。その間、今やらなければならないことを放っておいて、急いで返信しなければならないものはないかと、次々にメッセージを読む。その日の午後、また受信箱を開き、先ほど読んだメッセージの内容をすっかり忘れて、再度メールを開く。だがそれらすべてに返信する時間はない。そこで夜遅くになって、再びそれらのメールに目を通す。以前の私はこんな具合だった。もしあなたもそうなら、恥ずかしいほど何度も同じメールを開いているかもしれない。何という無駄だろう。

ラベル（標識）をつける

メールに関して、最も重要なのは書かれている内容だと私たちは考えがちだが、正確にはそうではない。時間管理の観点から見れば、メールの最も重要な側面は、どのくらい返信を急がなければならないかである。それを忘れてしまうので、私たちはメッセージを読み直して、時間を無駄にする。

このメールチェック・マニアへの対策はシンプルで、「各メールにクリックは2回」というルールを守るだけだ。メールを開いたら、それを閉じる前に、「このメールにはいつ返信すればよいのか」と自問しよう。新着メッセージには、「今日」あるいは「今週」といった最も重要な返信期限の情報をラベルづけし、そのラベルにしたがって2度目にメールを開いた時に返事を書く。もちろん、特に急ぐ場合は、最初に開いた時にすぐ返事を書くべきだ。一方、返信する必要のないメッセージは、すぐ削除するか、アーカイブしよう。

注目してほしいのは、メールを内容やカテゴリーによって分けるのではなく、返信すべき時期によって分けることだ。この方法でラベルづけしておけば、注意散漫を避けることができる。後は、メールへの返信に割り当てた時間に、それを書くだけだ。

私の場合、朝のコーヒーの前に、受信箱にざっと目を通すことにしている。新着メールに返信時期をラベルづけするのには10分もかからない。ただそうするだけで、返信を忘れる心配がなくなり、気持ちが落ち着く。それらのメールは放っておいて、返事を書く時がくるまで仕事に集中できる。

私の日々のスケジュールには、「今日」とラベルづけしたメールに返信するための時間が組み込まれている。ラベルづけしておけば、今日中に返信しなければならないメールはどれだろうと、すべてのメールに目を通すのに比べて、時間をはるかに節約できる。また、私は、「今週」とラベルづけした、それほど緊急性の高くないメールに取り組む時間を週に3時間、確保している。そして週末には、自分のスケジュールを見直して、メールに費やす時間が十分だったかを評価し、翌週に向けて調整する。

最初にメールを開いた時に、すぐ返事を書かないのはなぜか。スマホに届いたメールに2分かけて返信するというのは、たいした手間ではないように思えるが、1日に数百通のメールが届くとなれば、その2分はまたたく間に膨大な時間になる。2分がたちまち10分になり、15分になり、60分になり、本当にしたい仕事に集中できないまま、ひたすら返事を書いて1日を無駄に過ごすことになりかねない。

執拗に注意散漫をもたらすメールというモンスターをやっつけるには、多くの武器が必要だ。しかし、この章で述べた実証ずみのテクニックを試みることで、メールという注意散漫の誘因を制御することができる。

この章のポイント Remember This

- 問題を構成要素に分けよう。メールに費やす時間をT、受信メッセージの数をn、1メッセージ当たりに費やす時間をtで表すと、T＝n×tになる。
- 受信するメッセージの数を減らそう。営業時間を決める。すぐ返信しない。時間を無駄にするメッセージが受信箱に入らないようにする。
- メールに費やす時間を減らす。メールに返信が必要な時期をラベルづけし、返信のための時間をスケジュールに組み込み、作業をしよう。

第16章 グループチャットにハックバック

ジェイソン・フリードは「グループチャットは、無作為に選ばれた人々と一緒に、議題のない会議に終日出席しているようなものだ」と言う。(注1) この言葉を聞き流せないのは、フリードが、一般向けのグループチャット・アプリをつくる企業、ベースキャンプの創業者だからだ。もっとも、フリードは、顧客をつなぎとめておくほうが会社の利益になることをよく知っている。そこで彼は、ベースキャンプ、スラック、ワッツアップといったグループチャット・アプリを利用する人々に、いくつか助言する。

「グループチャットは、限られた特殊な状況で慎重に利用すると、大いに役立つ」と、フリードはネットに投稿した。「あまりメリットがないのは、それが組織内の主要なコミュニケーション手段になっている場合だ。一部ならいいが、全体となると問題が生じる（中略）企業が大半の時間、物事を細切れに考えるようになると、悪い影響が出る」

フリードは、私たちがどんなツールを使うかによって仕事についての感じ方が変わる可能性がある、と考えており、ゆえにグループチャットも慎重に使わなければならない、と述べる。「擦り切れて、へとへとになり、不安になるのか。それとも、穏やかで落ち着いていられるか。これらは単なる心の状態ではなく、私たちが使うツールがもたらす反応や行動の結果である」。グループチャットは、リアルタイムでの交流が売りだが、フリードはこう考えている。「『直ちに』というのは例外であるべきで、ルールではない」(注2)

グループチャットを有効に管理するための、四つの基本的なルールを以下に挙げる。

ルール1 サウナのように使うこと

グループチャットは、他の同期通信（電話やビデオ通話のように同期的なコミュニケーション）のツールと同じように扱うべきだ。誰でも、まる1日続く電話会議に参加する気にはならないだろう。グループチャットについても同じことが言える。フリードが勧めるように「チャットはサウナのように利用しよう。しばらく入ったら、外に出る……長くいすぎると、体に悪い」

グループチャットでの会議をスケジュールに組み込み、その時間にチームの誰もが参加できるようにするのはお勧めだ。そのように使えば、直接顔を合わせる会議を減らすことができる。

ここで強調すべきは、グループチャット会社のCEOであるフリードが、チャットは使いすぎないほうがいいとアドバイスしていることだ。それでも、こうしたサービスを利用する多くの組織では、社員は、終日グループチャット・サウナで待機していることを期待される。これは、社員個人の意思では変えることのできない悪しき習慣だ。本書の後半では、そのように機能不全に陥った社風の改善策について取り上げる。

ルール2 チャットの時間を決める

グループチャットで使われる一行のコメント、画像、絵文字は、次々に外部誘因となり、私たちの気を散らせる。グループチャットにハックバックするには、ほかの仕事をスケジュールに組み込むのと同じく、1日の中でそれに参加する時間を決める必要がある。

重要なのは、自分が参加できる時間、できない時間を、同僚に知らせておくことだ。そうしておけば、同僚は安心するだろうし、あなたは約束の時間になるまで、気兼ねなく「邪魔しないで（Do not disturb）」モードになって、仕事に専念できる。

ルール3 参加者を厳選する

グループチャットでは、メンバーの選択に気をつけよう。フリードは「多くの人を参加させるべきではない。メンバーが少ないほど、いいチャットができる」と助言する。彼は電話会議にたとえて、こう述べている。「電話会議は3人でするのがベストだ。6人から7人も参加すると、混乱し、効率が悪くなる。グループチャットも同じで、数人しか必要ではないのに、フルメンバーを誘ったりしないようにしよう」。参加者が全員、チャットに貢献し、また、参加することに意義を感じているかどうかを確認することが大切だ。

ルール4 グループチャットは選択的に利用する

繊細な問題について話し合う時には、グループチャットは避けたほうがよい。直接会っての会話では、相手の気分や口調、言葉にならないシグナルなどが重要な要素になることを思い出そう。フリードはこう提案する。「チャットは、動きの速い一時的な話題を扱うべきだ。一方、重要な話題は時間と集中を必要とするので、限られた相手と話し合わなければならない」

中にはグループチャットで「声に出して考える」ことを好み、自分の主張や考えを短文でばらばらと書き込む人もいるが、それがうまくいくことはめったにない。他のメンバーによる絵文字混じりの発言に気を取られながら、誰かの考えにリアルタイムでついていくのは至難の業だからだ。グループチャットは長時間の議論や決断を急ぐ場合ではなく、文書の作成者にその主旨を尋ねたり、彼らがまとめた文書を共有したりするために使うべきだ。

結局のところ、グループチャットはコミュニケーション手段の一つに過ぎず、メールやテキストメッセージとそれほど違うわけではない。うまく使えば多大なメリットをもたらすが、不適切な、あるいは悪意のある使われ方をすると、集中を妨げる外部誘因を次々にもたらす。うまく使う秘訣は、次のように自問することだ。「グループチャットは私の役に立っているだろうか、それともグループチャットのために私が使われているのだろうか」。グループチャットは、それが集中力を高め、注意散漫につながる外部誘因を防いでくれる場合だけ利用しよう。

この章のポイント Remember This

- リアルタイムのコミュニケーション手段は慎重に扱わなければならない。コミュニケーションのために、集中して過ごす時間を犠牲にすべきではない。
- 社風は重要だ。グループチャットのあり方を変えることは、社風を問うことにつながるかもしれない。この問題についてはパート5で論じる。
- コミュニケーションの手段は、それぞれ使い方が異なる。常にあらゆるテクノロジーを使うのではなく、目の前の仕事に最も適したツールを使おう。
- 入ったり出たりする。グループチャットは直接会う必要がないという点で優れているが、もし終日続いたら効果は台無しだ。

第17章 会議にハックバック

今どきの職場の会議では、参加者が集中力を欠いていて、互いにメールをやり取りして退屈な会議だとぼやき合う、というようなことが多い(注1)。原因の一部は、当事者が自力で問題を解決しようとせず、頻繁に会議を開くことにある。難題を抱えている時、人によっては、仲間と話し合うほうが一人で解決するより気が楽だろう。確かに、協力することにはそれなりの意義がある。しかし、一人で考えるというきつい仕事から逃げる手段として会議が利用されるべきではない。どうすれば会議をもっと価値あるものにできるだろうか。

会議の主な目的は、決定についてのコンセンサスを得ることであって、会議の主催者に主張を繰り返す場を提供することではない。不要な会議を回避する最も簡単な方法は、会議を招集しようとする人に、次の二つを求めることだ。一つは議題を記したアジェンダである。アジェンダがなければ、会議を開かない。もう一つは、議題とその説明、主催者が考える解決策を1、2ページにまとめた概要書(ブリーフィング)だ。

この二つのステップは、会議を開こうとする人に努力を求めるが、それこそが重要なポイントだ。アジェンダとブリーフィングの意義は、問題解決を早めて、参加者全員の時間を節約することだけでなく、会議を開くためのハードルを高くして、不要な会議を減らすことにもある。

しかし、意見の共有やブレインストーミングについてはどうだろうか？　緊急事態を受けて開かれた会議や、社員の懸念を聞くための公開討論会（これについてはパート5で論じる）は別として、会議に先立って、目下の難題に関する独自の見解を、利害関係者にメールで伝えておくのは効果的だ。ブレインストーミングも会議に先立って行えるが、一対一か、ごく小さなグループで行うのが望ましい。私自身、スタンフォード大学デザインスクールで教えていた頃によく経験したことだが、チーム全体で会議を開く前に、少人数でブレインストーミングを行っておくと、より良いアイデアと幅広い解決策が得られ、会議では多数派の声に圧倒されずにすむ。

次に、会議が開かれることになったら、前章でグループチャットに関して述べた同期通信のルールに従う必要がある。オンラインでもオフラインでも、出席者を慎重に選び、迅速に入り、迅速に出る、というルールが適用される。

会議の席上では、別の問題にも直面する。それは参加者が会議に集中せず、もっぱら自分のデバイスをいじっていることだ。会議の間ずっと、メールをチェックしたり、スマホをいじったりしている人が少なくないが、集中していなければ脳は情報を吸収できないことを、多くの研究が示している。(注2)

他の人が会議でデバイスを使っているのを見ると、その人は働いているのに自分は働いていないように思えてストレスが高まる。いっぱいになった受信箱のことを考えていると、会議はそれほど重要だと思えなくなり、気持ちが入らなくなる。そうなると、会議の生産性はさらに下がり、ますます意義が感じられず、退屈でつまらないものになる。

会議に集中するには、デバイスを持ち込まないようにしなければならない。これまで私は数えきれないほどワークショップを指導してきたが、デバイスの使用を許可した場合と禁止した場合の違いは、明白だった。デバイスの使用を禁止した会議では、参加者は議論にはるかに集中し、より良い成果を出した。会議の時間を浪費しないために、新たな習慣とルールを導入しなければならない。

> 会議に自分の時間を投じるのであれば、
> 心身ともに、確実にその場に存在するべきだ。

まず、すべての会議室に、デバイスのための充電ステーションを設けよう。ただし、会議中は手が届かないようにしておく。会議の前に、出席者はデバイスの電源をオフにして、充電器に差し込み、会議に集中できるようにする。業務内容によって例外もあるだろうが、出席者に必要なのは、紙とペン、付箋くらいだ。

スクリーンに資料を映したい場合は、チームの誰かを指名して、その人のパソコンから操作するか、会議室に専用のノートパソコンを備え付けよう。会議中に自分のスマホやノートパソコンを使いたいという参加者の欲求を刺激してはならない。電子デバイスを使おうとする人に対しては、参加者から非難のまなざしが注がれるべきだ。

電子デバイスの持ち込みを禁止する会議は増えている。中にはそれに反発し、ノートをとったり、ファイルにアクセスしたりするためにデバイスは欠かせない、と言い張る人もいるが、その主張は必ずしも筋が通っていないことを、私たちは知っている。そもそも、私たちはなぜ、会議中にデバイスを使いたくなるのだろうか。テクノロジーは、そこに体は存在しても心は存在しない状態を可能にする。不愉快な真実だが、私たちがスマホやタブレットやノートパソコンを会議室に持ち込もうとするのは、生産性を高めるためではなく、心理的に逃避するためなのだ。会議は耐えがたいほど緊迫したり、人間関係を傷つけたり、恐ろしく退屈になったりする。そんな時にデバイスは、不愉快な内部誘因をどうにか処理するための手段になる。

会議の招集に必要な手間を増やすことで不要な会議を削減し、会議が開かれてからは、同期型コミュニケーション（訳注＊質問をしたらすぐに相手から反応が得られる対話の形態）のルールに従い、参加者をデバイスではなく会議に集中させるようにすると、会議はそれほど嫌なものではなくなる。

現代の職場には注意散漫になる原因があふれているが、集中を保つための新しい方法を次々に試して原因に対処するかどうかは、私たち次第だ。この章で知ったいくつかの戦術を試し、同僚たちにも試すよう勧めよう。オフィス環境、デバイス、外部誘因にハックバックすることは、注意散漫の治療法として効果的で、よりよく働き、よりよく生きることに役立つ。

この章のポイント Remember This

- 会議招集のハードルを上げる。会議を招集する際に、アジェンダと概要書の配付を義務づける。
- 会議の目的はコンセンサスを得ることだ。例外はあるが、会議の前に、個別あるいはごく少人数のグループでブレインストーミングをしておくと、創造的に問題の解決を図れる。
- 体も心も会議に参加しよう。単調さや退屈から逃れようとして会議中に電子デバイスを使うと、会議はさらに退屈なものになる。
- 会議の場に備えるノートパソコンは1台で十分だ。全員がデバイスを手にしていると、会議は目的を達成しにくい。情報を提示し、記録をとるための1台のノートパソコン以外、電子デバイスを持ち込まない。

第18章

スマホにハックバック

現在では、私も含め多くの人がスマホに頼っている。家族といつでも連絡がとれるようにするため、町歩きの道案内にするため、オーディオブックを聴くため。目的は何であれ、ポケットに入ったこの奇跡のデバイスは、なくてはならないものになった。しかし、その有用性こそが、スマホが注意散漫を招く主な原因だ。

だが、よい知らせがある。それは、頼ることイコール依存ではないことだ。(注1)デバイスに利用されることなく、デバイスを利用することはできる。スマホにハックバックして、それがもたらす注意散漫の外部誘因をかわすことは可能なのだ。

これから述べるのは、スマホにハックバックして、何時間ものスマホ使用を抑制するための四つのステップだ。その一番の利点は、実行に1時間もかからないことだ。これをやり終えたら、あなたは、スマホのせいで気が散るとは言えなくなるだろう。

ステップ1

削除

スマホによる注意散漫を防ぐ最初のステップは、不必要なアプリを削除することだ。私は、どのアプリが役に立っていて、どれが役に立っていないかを自問した。その答えに基づいて、自分の価値観にそぐわないアプリを削除した。学習と健康に役立つアプリは残したが、うるさいアラートや仰々しい見出しで気を引こうとするニュースアプリは消した。

また、ゲームもすべて削除した。もっとも、あなたもそうするべきだ、と言うつもりはない。現在、多くのゲーム、とりわけインディーズが制作したゲームは、内容が高度で、優れた本や映画に劣らず楽しめて、道徳的にも優れている。しかし私にとってゲームは、スマホで時間を使いたい対象ではなかった。

私はテクノロジーおたくで、最新のアプリを試すのが大好きだ。しかし、そのせいで一度も使わないアプリが次々に画面に現れ、スマホの動きを妨げるようになった。もしあなたもテクノロジー好きなら、一度も使わないアプリがたくさんあるのではないだろうか。これらのアプリは勝手にアップデートして、スマホのメモリ容量を食っている。最悪なのは、これらのゾンビアプリが、画面をゴミだらけにしていることだ。

ステップ2 交換

私の場合、未利用アプリの一掃は簡単だった。アプリを消しても、特に寂しくはなかった。しかし、ステップ2では、お気に入りのアプリを削除しなければならない。

私は、娘と過ごすことにしていた時間にも、ユーチューブやフェイスブックやツイッターをスマホでたびたびチェックしていた。少しでも退屈すると、短いビデオか、ソーシャルネットワークを見てしまうのだ。残念ながら、それをすると私の心は、他のどこかへ連れ去られる。だからといって、これらのサービスを完全に断つことは、私の選択肢にはなかった。友だちと連絡を取ったり、面白いビデオを見たりするために、どうしても必要だった。

そこで私は、そうしたサービスを使う時間と場所を限定することにした。つまり、ソーシャルメディアのチェックを、スマホではなくパソコンで行うことにしたのだ。そのための時間をスケジュールの中に確保すると、それらのアプリをスマホに入れておく必要がなくなった。私は2、3分ためらったのちに、それらを削除した。新鮮な空気を胸いっぱいに吸い込んだような気分だった。今後これらのサービスには、アプリ制作者が狙った時間ではなく、自分が決めた時間にアクセスするのだと思うと、せいせいした。

もう一つ、驚くほど効果的なスマホのコントロール法がある。それは時間を確認する方法を変えることだ。私は時間厳守を旨としているので、しょっちゅうスマホで時間をチェックしていた。しかし、そうやって画面を見るたびに、何らかの通知に引き込まれる。そこで腕時計をつけるようにしたところ、スマホをチェックする頻度は格段に下がった。手首にさっと目をやるだけで、知りたいことを知り、知る必要のないことは、知らずにすむようになった（＊）。

要は、自分がしたいことをするのに最適の時間と場所を見つけることだ。スマホは一見、万能なように思えるが、何もかもスマホでする必要はない。

ステップ3　整理

こうして、私のスマホに残ったのは重要なアプリだけになった。さあ、スマホをさらにすっきりさせて、注意散漫を招きにくくしよう。目標は、スマホの画面ロックを解除した時に、気を散らす要素がないようにすることだ。

ミディアム（ネット出版プラットフォーム）の人気雑誌ベター・ヒューマンズの編集長であるトニー・スタッブルバインは、自身のスマホの待ち受け画面を「Essential Home Screen」と呼んでいる。スタッブルバインは、ツイッターの6人目の社員で、ツイッターのプラットフォームが人間心理をよく理解したうえで設計されていることを、よく知っている。

スタッブルバインはアプリを三つのカテゴリーに分けることを勧める。その三つとは、「プライマリー・ツール」「アスピレーション」「スロットマシン」である。(注2) プライマリー・ツールは、「タクシーを呼ぶ、場所を探す、アポイントメントを取るといった、よく使う機能に役立

ほんの2、3分かけてアプリを整理しただけで、
待ち受け画面から不要な外部誘因を排除することができた

つアプリ」で、五つから六つに抑えることを彼は勧める。アスピレーションは、「瞑想、ヨガ、運動、読書、ポッドキャストを聴くなど、自分がやりたいことをかなえるアプリ」だ。スロットマシンは「電子メール、ツイッター、フェイスブック、インスタグラム、スナップチャットなど、開くとすぐ夢中になるアプリ」である。

彼は言う。「スマホの待ち受け画面を整理して、プライマリー・ツールとアスピレーションだけが表示されるようにしよう。待ち受け画面に表示されるのは、自分の意志で管理できるアプリだけにすべきだ。無意識に何度もチェックするアプリがあれば、別の画面に移動させる」

加えて、私がお勧めするのは、必要なアプリを探してスクリーンをスワイプするのではなく、スマホに内蔵されたサーチ機能を使うことだ。そうすれば、スワイプしていて気を散らすアプリと遭遇するリスクが減るだろう。

ステップ4

通知設定の調整

2013年にアップルは、サーバーが7兆4000億のプッシュ通知を送ったことを発表した。[注3] 残念ながら、これらの外部誘因を避けるために何らかの行動をとっている人は、ほとんどいない。モバイルマーケティング企業カフナのCEO、アダム・マーチックによると、スマホユーザーのうち、プッシュ通知の設定を調整しているのは15パーセント以下だ。つまり、残り85パーセントは、アプリ制作者が好き放題に通知してくるのを許しているのだ。[注4]

自分のニーズに合わせてそれを調整するのは私たちの役目であり、アプリ制作者がやってくれるわけではない。しかし、どの通知を、どうやって解除すればいいのだろうか。ここまでのステップで、多くのアプリを削除してきた。次の仕事は、通知設定の調整だ。私の場合、それにかかった時間はわずか30分だったが、おかげで生活は一変した。

あなたがアップルのアイフォーンのユーザーなら、「設定」の「通知オプション」を選択す

(*)私はその目的でアップルウォッチを買ったが、今は使っていない。お気に入りのスマートウォッチは、ノキア・スティールＨＲだ。アップルウォッチよりはるかに安く、おまけに手首を上げなくても、いつも時間が表示されている。

る。アンドロイドのユーザーなら「設定」の「アプリ」を見つけよう。そこから、必要に応じて各アプリの通知の可否など設定する。

私の経験から言うと、次の2種の通知は、調整する価値がある。

1　音

音による通知は最も煩わしい。自分が家族といる時や、会議に出ている時に、音声で邪魔してもいいのはどのアプリか、と自問してみよう。私がこの特権を許しているのは、メールと電話だけだ。ただし、1日のスケジュールを予定通りに進めるために、1時間ごとに時報が鳴るアプリも使っている。

2　視覚による通知

音の次に集中を妨害しやすいのは、視覚による通知だ。アプリのアイコンの右上の角に出現する赤い丸印で、私は、電子メールアプリ、ワッツアップ、スラック、メッセンジャーといったメッセージサービスだけにその使用を許可している。これらは緊急時に使うアプリではないので、開くのは手が空いてからでいい。

通知に関して悩ましいのは、私が何かに集中している時や、夜眠っている時に、着信音が鳴

これは自動返信です。私は今、集中していて、あなたのメールを読むことができません、あとでお返事します

（現在、私は通知を受けつけていません。緊急の場合は、メッセージに「urgent（至急）」の文字を入れて再送してください）

  Text Message 

アップルの「運転中の通知を停止」機能を利用して、
「現在は集中していて対応できません」という自動返信を送る

ることだ。私がそれを望むのは緊急の場合だけだ。ありがたいことに私のアイフォーンは、素晴らしく有能な機能を二つ搭載している（アンドロイドも同様の機能を備えている）。

その第一の機能は、標準的な「おやすみモード（Do Not Disturb）」で、電話とメールを含むすべての通知をしないようにプログラムされている。ただし、同じ人から3分以内に2度電話があった場合と、メールに「urgent（至急）」の文字がある場合は、アップルのiOSが、その電話やメールを着信させる。[注5]

第二の機能は「運転中の通知を停止」で、車の運転中に、電話とメールの着信を拒むと同時に、現在運転中で対応できないことを送信者に知らせる。そのメッセージを、「私は今、集中していて対応できません」に変えることもできる。

スマホによる外部誘因を減らすには、新しいアプリをインストールするたびに通知許可を設定し直すといった手間を少々かけないといけない。だが、うれしいニュースもある。アップルのｉＯＳとアンドロイドは、今後、通知機能を簡単に変更できるようにすることを計画しているそうだ。

スマホ経由の不要な外部誘因を排除するために、できることはたくさんある。アプリ制作者の策略がどれほど強力でも、自分のためにならないアプリの削除、交換、並べ替えには到底かなわない。スマホに奪われていた時間のほんの一部を使うだけで、不要な外部誘因を排除できる。スマホに集中を乱されない生活は、すぐ手の届くところにある。ハックバックしない理由はない。

この章のポイント Remember This

- 次の四つのステップを踏めば、1時間ほどであなたはスマホがもたらす外部誘因にハックバックできる。
- 削除――不要なアプリを削除する。
- 場所と時間の限定――ソーシャルメディアやユーチューブといった気を散らせる可能性のあるアプリを使う場所を、スマホからパソコンのデスクトップに変更し、その時間を決める。また、時間を確認するためにスマホを見なくてすむよう、腕時計をつける。
- 整理する――不要なチェックを誘発するアプリを、スマホの待ち受け画面から他の画面へ移動する。
- 通知設定の調整――各アプリの通知設定を調整する。音声と表示による通知を許可するアプリを厳しく選択する。「おやすみモード」を活用する。

第19章 デスクトップにハックバック

ロバート・ヴァン・エルスのノートパソコンの画面を覗いたら、この人は情報機関の諜報員ではないか、とあなたは思うかもしれない。画面は大量のアイコンであふれかえっていて、まるで秘密工作のチームを指揮するコントロール・センターのようだ。背景の壁紙には疾走するＢＭＷの写真が使われている。見ているだけで、血圧が上がりそうだ。

しかし、ヴァン・エルスは諜報員ではない。ただ混乱しているだけなのだ。

一見、パソコン上での混乱と人生に相関関係はないように思える。それに、デスクトップがごちゃごちゃというのは、よくあることだ。しかし、このデジタルのごみは、私たちの時間を奪い、パフォーマンスの質を下げ、集中を台無しにする。

初めてヴァン・エルスに会ったのは、デジタルがもたらす注意散漫について講演した時のことだった。彼は私の講演を聞いて、自分のビジネスを成長させるには、集中力を取り戻さなければならないことに気づき、「気が散らないようにすれば、集中できる時間が増えるのですね」

以前のヴァン・エルスのデスクトップ画面

と私に話しかけてきた。彼は私のアドバイスを胸に刻み、その後、進化させた。それを私が知ったのは、彼がフェイスブックに新しいデスクトップ画面をアップして、こう報告したからだ。

「1カ月、新しいレイアウトを試したところ、すごい結果が出た！」

ヴァン・エルスは、乱雑なデスクトップはただ見苦しいだけでなく、コストがかかることに気づいた。その一つは認知コストだ。プリンストン大学で行われた研究により、認知を伴う課題をこなす時に、対象が乱雑に置かれていると、きちんと置かれている場合に比べて、作業効率が落ちることがわかった。[注1] ビヘイビア・アンド・インフォメーション・テクノロジー誌に発表された研究によると、デジタル環境でも同じことが言えるようだ。[注2]

当然ながら、私たちの脳が、乱雑に置かれた物の中から必要な物を見つけ出すのには時間がかかる。パソコンの画面に残されためったに使わないアイコンや、開いたタブや、不要なブックマークは、まだやっていないタスクを執拗に思い出させる。そのように外部誘因があふれていると、ついうっかりそれらをクリックして、作業中のタスクから安易に離れてしまう。ミネソタ大学のソフィー・ルロイによると、一つのタスクから別のタスクに移ると、ルロイが言うところの「集中の残りかす(注3)」が生じるため、元のタスクに戻っても以前のペースではこなせない。

> 不要な外部誘因を視界から消せば、仕事場がすっきりし、心が自由になって本当に重要なことに集中できる。

現在、ヴァン・エルスのデスクトップは、これ以上ないほどすっきりしている。キーキーと音を立てるスポーツカーと何百個ものアイコンはすべて消えた。今の画面は真っ黒で、ただ白い文字で、「私たちが最もやりたくないことは、往々にして、最もしなければならないことだ」と書かれている

私はヴァン・エルスの挑戦に刺激を受け、パソコン画面の大掃除に取りかかった。デスクトップ上のあらゆるものを「Everything(すべて)」と名づけたフォルダに入れた(実に独創的なフ

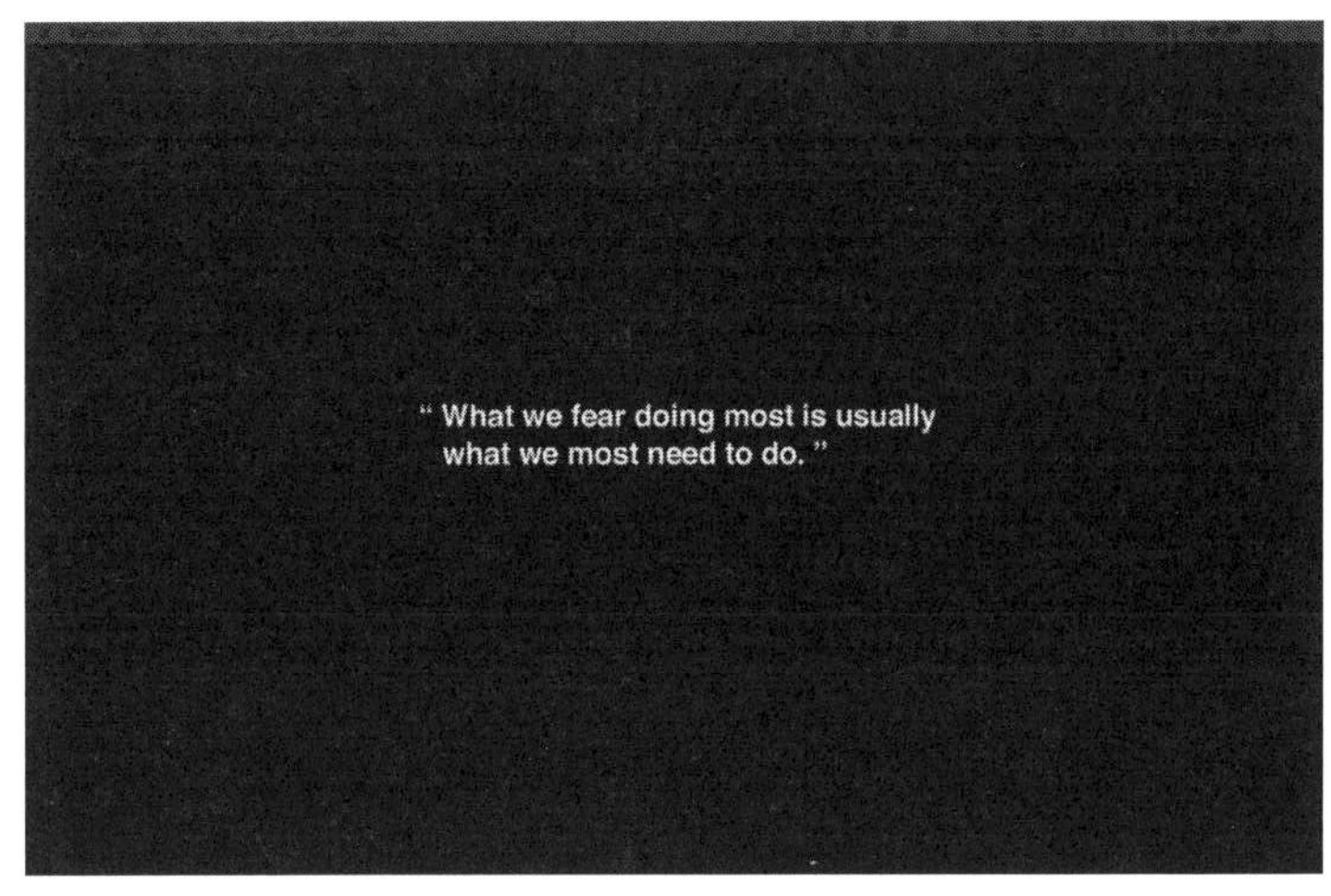

ヴァン・エルスの現在のデスクトップ。示唆に富み、誘因は存在しない

ォルダ名だ)。ファイルをフォルダに分類する必要はない。ファイルが必要な時には、サーチ機能を使えばいい。こうして私は毎朝、白紙状態のコンピューター画面から仕事を始められるようになった(集中するためのあなた専用の壁紙をNirAndFar.com/indistractable-resources/ からダウンロードできる)。

しかし、私の片づけ改革は、そこで終わらなかった。不要な外部誘因に邪魔されないよう、デスクトップのすべての通知を無効にした。まずMacのシステム環境設定のコントロールパネルを開き、「通知」オプションをクリックし、リストにあるアプリの通知設定をすべて無効化した。

また、「おやすみモード」を活用して、非通知が午前7時から翌日の午前6時59分まで、ほぼ終日続くように設定した。この二つの操作を

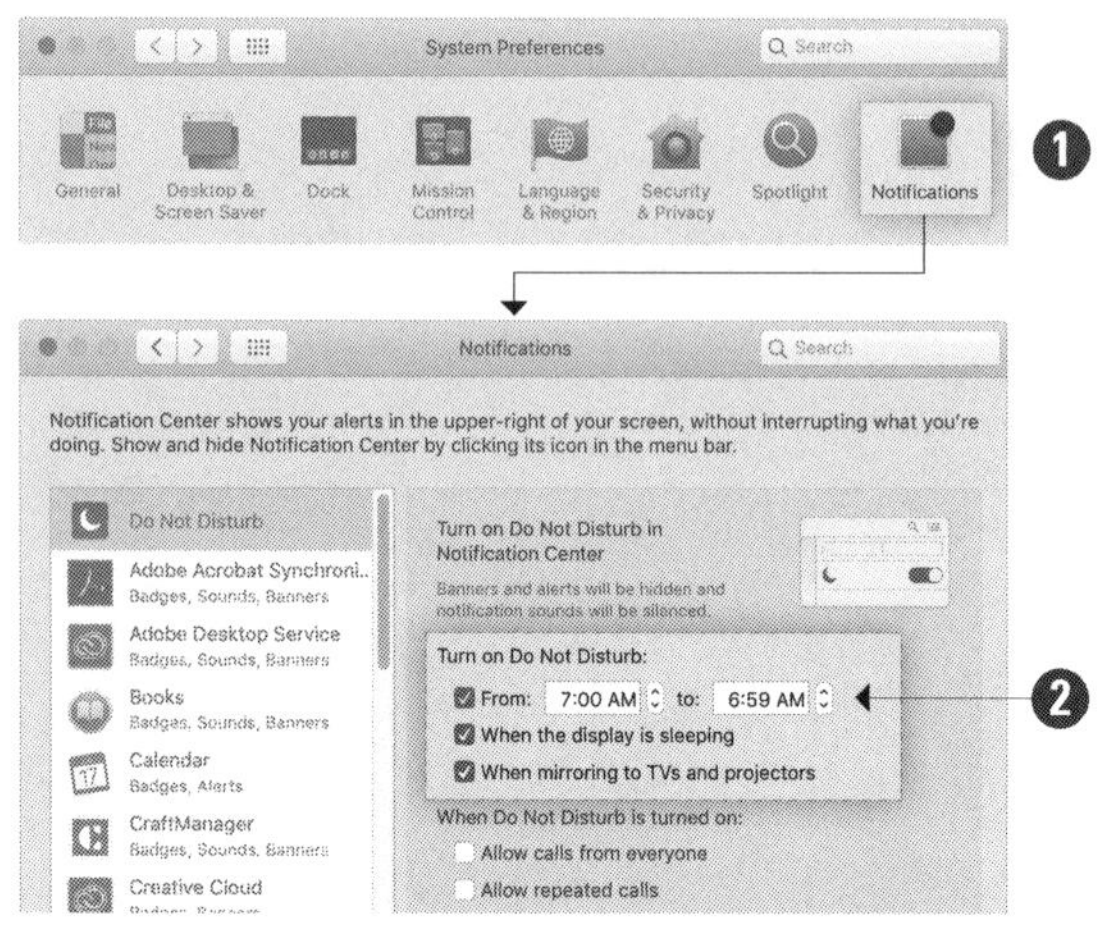

デスクトップへの通知をすべて無効化し、常に「おやすみモード（Do Not Disturb）」にしている

行ったことで、無数に届いていたデスクトップ上の通知に悩まされなくなった。ウィンドウズでも「集中モード（Do Not Disturb）」を使って同様の操作ができる。集中モードでは、上司など一部の人からのメールだけ届くように設定できる。

ヴァン・エルスや私と同じくあなたも、コンピューターの電源を入れるたびに、画面が片づいていると仕事への集中力が高まることに気づくだろう。誘因は、本当にしたいことから注意をそらせる。そのような誘因のないデジタル空間で働くことは、あなたにとってプラスになるはずだ。

この章のポイント Remember This

●デスクトップのごみは、集中を阻害する。デジタルの作業空間から外部誘因を排除すると、集中を保ちやすくなる。

●デスクトップの通知をオフにする。コンピューターの通知機能をオフにすれば、外部誘因による注意散漫を確実に防ぐことができる。

第20章 オンライン記事にハックバック

もしもインターネットが話せたら、その口調は恐らく、映画『2001年宇宙の旅』のハル9000のような感じだろう。

「ハロー、ニール」と、インターネットは単調な低い声で呼びかける。「また会えてうれしいです」

「インターネット、今、ぼくは、執筆中の記事の調べものをしているんだ」と私は答える。

「それが終わったら、仕事に戻らなければ。だから今は邪魔しないでくれ」

「もちろんです、ニール」とインターネット。「でもネットをご覧になっているのなら、例のニュースのことはご存知でしょう?」

「だめだよ、インターネット」と私は言う。「ネットを開いたのは、ある情報を探しているからだ。他のことをする余裕はない」

「そうでしょうとも、ニール」とインターネット。「でもこの記事はあなたの役に立つのではないですか？　タイトルは『あなたが今、知るべき生産性を高める10の秘訣』です。クリックしてみませんか？」

「面白そうだね」と私はためらいながら言う。「ざっと読んで、仕事に戻ろう」

3時間後、私は記事を次々にクリックして大いに時間を浪費したことを悟り、インターネットが私をコンテンツの渦に巻き込んだことを、いまいましく思うだろう。

実のところ、かつての私は、ネットの記事を次々に読んで時間を浪費しただけでなく、ブラウザのタブを数百とは言わないまでも、数十も開くことがよくあった。これらの外部誘因は私の気を散らせただけでなく、恐ろしいクラッシュを招くこともあった。それが起きると、すべてのタブと作業中の仕事が一瞬で消えた。

しかし、ありがたいことに、ある単純なルールのおかげで、タブをめぐる問題はすべて解決し、以後、ネットサーフィンに没頭しなくなった。

私はブラウザでは記事を読まないことにした。

物書きである私は、日々調査のためにネットを使う。しかし、ネット上に新しい記事を見つけても、そのままブラウザで読まないようにした。その代わりに、いつどうやって読むかを決めることで、もっと読みたいという誘惑に打ち勝った。その方法で使うのはPocketというアプリだ。

まずパソコンのブラウザにPocketの拡張機能を追加し、スマホにはPocketアプリをインストールする。(注1)「ブラウザでは記事を読まない」ルールを守るため、読みたい記事を見つけたら、ブラウザのPocketボタンをクリックする。するとPocketがウェブページからその記事を引っ張ってきて、スマホのアプリに保存する（この過程で、広告その他、余分なものは削除される）。

つまり私は、オンライン上の記事をすぐ読むか、ブラウザのページを開いたままにしておく、というそれまでの習慣を、後で読むために保存しておく、という新しい習慣に変えたのだ。それでも、すぐに読みたい衝動が消えるわけではなかったが、記事が無事に保存され、いつでも読めるとわかっているので安心できた。

しかし、保存した何百という記事は、いつになったら読めるのだろうか。私はブラウザからスマホに問題を移し替えただけではないのか。この問題を解決するのは、タイムボクシングと、外部誘因へのハックバックだ。

複数のタスクを同時進行すると生産性が落ちるのは、周知の事実だ。同時に二つのことはできないことを示した論文や記事は、あなたも読んだことがあるだろう。ある意味、それは真実である。人間は二つの複雑なタスクを同時に行うのが苦手だという証拠は揃っている。一般に私たちは、複数のタスクを同時進行しようとすると、多くのミスを犯し、仕事を終えるのに時間がかかり、時には倍以上かかることもある。[注2]そうなるのは、一つのタスクから別のタスクに移るたびに脳が集中し直さなければならないからだ、と科学者たちは考えている。

しかしマルチタスキングを正しく行えば、ほんのわずかな労力で、限られた時間により多くの成果を生むことができる。私はこれを「マルチチャンネル・マルチタスク」と呼んでいる。それは1日を有効活用する素晴らしい技術だ。しかし、マルチタスキングを正しく行うには、まず、それをやりにくくしている脳の限界を理解しなければならない。第一に、脳の処理能力には限界がある。とりわけ、集中を要するタスクに取り組んでいる時には、他のことに使える脳の容量は小さくなる。数学の問題を二つ同時に解くことができないのはそのためだ。第二に、脳は、注意チャンネルの数が限られており、一度に一つの感覚信号しか出せない。試しに、左右の耳で異なるポッドキャストを聴いてみるといい。意識的に一方の音声を聞かないようにしなければ、もう一方の内容は理解できないはずだ。

しかし、視覚情報や聴覚情報を一度に一つしか受け取れないとしても、複数の情報を同時に処理することは可能だ。科学者らはこれをクロスモーダル・アテンションと呼ぶ。人は、何かを考えながら、他の心理的処理を自動で行うことができる。[注3]

一つのチャンネルにそれほど集中しなくていい場合は、同時に二つ以上のことができる。

複数の研究により、いくつかのことは、複数の感覚的なインプットを受けている時のほうがうまくこなせることがわかっている。例えば、ある種の学習は、聴覚、視覚、触覚を同時に働かせると強化される。ウォーキングが創造性にもたらす効果を調べた近年の研究では、ランニングマシンでゆっくり歩くだけでも、座っている時より創造性が高まることがわかった。[注4]マルチチャンネル・マルチタスクの中でも、いくつかの組み合わせは特にうまくいく。例えば、友人と一緒に健康的な料理をつくって食べると、人間関係に投資しながら、健康を増進することができる。また、オフィスから出て散歩しながら仕事関連の電話をしたり、同僚と散歩しながらミーティングしたりすると、仕事にも健康にもプラスになる。通勤途中にノンフィクションのオーディオブックを聴くのは、自己啓発をしながら通勤時間を最大限に生かす良い方法だ。料理や掃除をしながら同じようにすれば、面白くない仕事もいつもより早く終わるように感じるだろう。

別の形のマルチチャンネル・マルチタスクは、健康増進に役立つことが確認されている。ペンシルベニア大学ウォートン校のキャサリン・ミルクマンは、やりたいと思う行動をうまく利用すれば、やらなければならない行動をとりやすくなることを証明した。彼女の研究では、被験者にジムだけで聞くことのできるオーディオブックを搭載したiPodを配付した。[注5]そのオーディオブックには、どうしても続きが読みたくなるような『ハンガー・ゲーム』や『トワイライト』といった本を選んだ。結果は驚くべきものだった。「頻繁にジムを訪れた人の割合は、オーディオブックを配付されていない対照群よりも配付された被験者のほうが51パーセントも多かった[注6]」

ミルクマンの方法は「誘惑の抱き合わせ」と呼ばれ、ある行動がもたらす報酬によって別の行動を動機づけしようとするものだ。私の場合は、Pocketに保存した記事が報酬となって、エクササイズしようという気になる。

私はジムに行くたび、あるいは、長くウォーキングをする時に、Pocketアプリのテキスト読み上げ機能で記事を聴くことにしている。この読み上げ機能は実に優秀で、私が選んだ記事をコマーシャル抜きで読み上げる。しかもその声はハル9000のような無機質なものではなく、快活な英国人男性の声だ。

そうやって記事を聞くのが楽しみで、私は運動や散歩をしたくなる。知的刺激への欲求は満たされ、仕事中、記事を読みたいという誘惑からも守られる。まさに「注意散漫ハックバックバトルでの3連勝」だ。

マルチチャンネル・マルチタスクは、一日を最大に活用するための、あまり活用されていない戦略だ。このテクニックをスケジュールに組み込むことで集中する時間を増やし、また、誘惑の抱き合わせによって、エクササイズなどをもっと楽しくできる。

私が行ったハックバックは、「もう一つ」読みたいという誘惑や、「後で」読むためにタブを開いておきたいという欲求を克服する一つの方法だ。悪い習慣を新しいルールとツールに置き換えることで、私は生産性を高め、ハルの魅惑をかわすことができた。現在、オンラインの記事にクリックを誘われると、私は「ごめん、インターネット。今は読めそうにない」と答えるようにしている。

この章のポイント Remember This

- オンラインの記事は、注意散漫を招く外部誘因であふれている。開いたタブは、気を散らし、時間を浪費するコンテンツの渦に引きずり込む。
- ルールを決めよう。興味をそそられる内容は、ポケット（Pocket）などのアプリで保存して、あとで読むことにする。
- 驚くべきことに、マルチタスクは可能だ。運動しながら記事を聴いたり、歩きながら会議をしたりして、マルチチャンネル・マルチタスクを活用しよう。

第21章 ニュースフィードにハックバック

ニューヨークの地下鉄では、誰もがうつむいてスマホの画面を見つめているという光景をよく見かける。目的の駅に着くまでにニュースフィードに掲示された記事を最後まで読もうとして、彼らは画面をスクロールし続ける。

ソーシャルメディアはとりわけ厄介な注意散漫の源だ。ツイッター、インスタグラム、レディットといったサイトは、ニュースやアップデートや通知の山といった外部誘因を生むよう設計されている。

人々がフェイスブックのニュースフィードを延々とスクロールする姿は、行動デザインの成功例であり、同社は、絶えず新しい刺激を求める人間の嗜好を利用している。しかし、フェイスブックが複雑なアルゴリズムでユーザーを操り、タップさせ続けるからといって、私たちがハックバックできないわけではない。コントロールを取り戻す最も効果的な方法は、ニュースフィードそのものを削除することだ。そんなことができるのかと思うかもしれないが、できるのだ。その方法をお伝えしよう。

「News Feed Eradicator for Faceboook」という無料のウェブブラウザ拡張機能は、まさにその名の通り、無数の魅惑的な外部誘因の源を消してくれる。その代わりに、画面には気持ちを鼓舞する名言が並ぶ。(注1) それが気に入らなければ、Todobookという無料の拡張機能を追加すれば、画面に自分の「やることリスト」が表示される。そうなれば、あなたは、ニュースフィードをスクロールする代わりに、その日やるべき仕事を確認するようになる。そして、やることリストを完遂すると、ニュースフィードのロックが解除される。(注2) Todobookの創業者であるイアン・マクリスタルは、ニュースサイトの「マッシャブル」にこう語った。「私もニュースフィードは大好きです。ただ、それともっと健全な関係を持ちたかった。(中略) そこで、フェイスブックの気が散りにくい部分にアクセスしたまま、生産性を維持する方法を探しました」(注意散漫にハックバックするための、著者お気に入りのツールへのリンクは、NirAndFar.com/indistractable-resources/ を参照)

私は今もフェイスブックを利用しているが、フェイスブックが望む方法によってではなく、私が望む方法で利用している。友人のアップデートを見たい時や、特定のグループの議論に参加したい時には、ニュースフィードに気をとられることなく、そのページに飛ぶことができる。私はフェイスブックをチェックする時間を毎日のスケジュールに組み込んでいるが、ニュースフィードという外部誘因はないので、好奇心をそそるウサギの穴に引きずり込まれる恐れはな

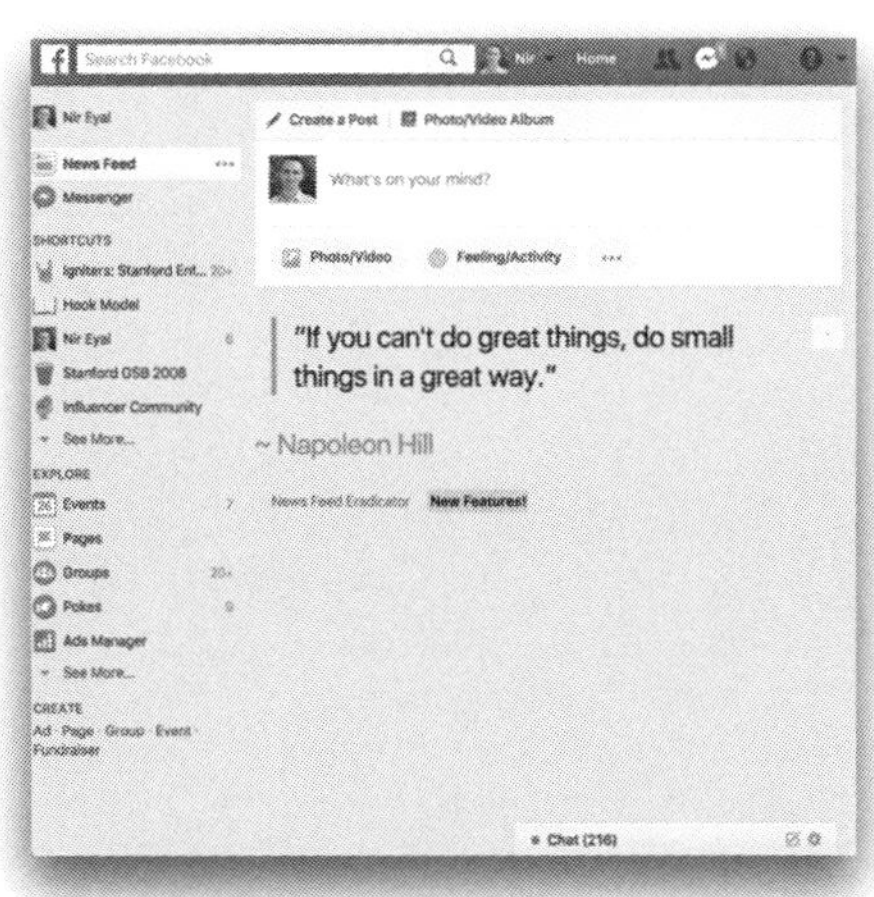

ニュースフィードを削除することで、フェイスブックにハックバックできる

い。おかげで、フェイスブックのチェックにかかる時間は15分以下だ。

Todobookのようなテクノロジーは、レディットやツイッターを含む他のいくつものソーシャルメディアサイトでも機能するが、フィードベースのソーシャルネットワークサイトに気を散らされない方法はほかにもある。賢いブックマーキング・プロトコルを利用して、フィードを避けるのだ。

例えば、「LinkedIn.com」とタイプすると、あなたはリンクトインのフィードに連れていかれて、何時間もスクロールやクリックをし続けることになりかねない。ニュースフィード・バーナー(注3)（News Feed Burner）というブラウザ拡張機能を追加すれば、リンクトイン・フィードを消去できるが、そのフィードの業界情報サービスは役立っているので、私はそれをすっかり消したいとは思わなかった。そこで、リンクトイン・フィードを消す代わりに、サイトを訪問する時には正確なＵＲＬを使って、外部誘因に気を散らされることなく、確実に目的地を選べるようにした。

そのやり方はこうだ。ソーシャルメディアのために設けた時間枠の中で、私はブラウザのボタンをクリックして、「オープン・マルチプル・ウェブサイト（Open Multiple Website）」(注4)という拡張機能を起動する。名前が示す通り、それは、私があらかじめ読み込んでおいたウェブサイトのアドレスをすべて開く。私はLinkedIn.comのフィードに着地したくないので、拡張機能でLinkedIn.com/messagingを読み込んでいる。そこでは、無数のフィードに気を散らされることなく、メッセージを読み、応答することができる。また、同じやり方で、Twitter.com/NirEyalを開いている。そこでも私は、悪名高く扇動的なツイッターフィードを見ることなく、コメントや質問に対応できる。

フィードを避けたことで、私はソーシャルメディアをより注意深く使いつつ、人々と積極的につながる時間を持てるようになった。

フェイスブックやリンクトインのような企業が、行動デザインを駆使して、私たちをスクロールさせ続けるのと同じく、ユーチューブも私たちの心理を操って、視聴し続けるように仕向

注意散漫を誘う動画のサムネイルと広告を削除すれば、ユーチューブにハックバックできる

ける。あなたがユーチューブの動画を見ていると、ユーチューブのアルゴリズムは、現在視聴中の動画とこれまでの視聴履歴をもとに、あなたが次に見たいものを予想する。(注5) ユーチューブでは、ウェブページの右側にお勧め動画のサムネイルが表示され、通常、その隣にはあなたをターゲットにしたスポンサーつきのビデオ広告が掲載される。ニュースフィードと同様に、これらのサムネイルは、あなたがユーチューブを開くとすぐ現れ、あなたをデジタルの宝探しに向かわせる。それらの狙いは、次から次へとあなたに動画を見させることだ。

もちろん、ユーチューブを見ること自体は、悪いことではない。私はタイムボクシングしたカレンダーにユーチューブを楽しむための時間を確保し、大いに楽しんでいる！　しかし、お勧め動画を無分別に見続けたり、魅惑的な提案をクリックしたりするのを避けるために、独自の作戦を立てて、自分が見ると決めた動画だけを見るようにしている。

具体的には、DF Tube という無料のブラウザ拡張機能を使っている。それは、気を散らす外部誘因を消してくれるので、心静かに動画を視聴できる。画面の端にあるお勧め動画や広告を消すことの威力を私は痛感している。(注6)

ニュースフィードからお勧め動画まで、ソーシャルメディアにあふれる無数の外部誘因を克服することは、集中するための重要な段階だ。どんなツールを使うにしても、重要なのは、自分の時間と関心を、ソーシャルネットワークにコントロールさせないことだ。

この章のポイント Remember This

- あなたがスクロールするソーシャルメディアのフィードは、気を散らす外部誘因にあふれ、あなたを引き止めておくように設計されている。
- ハックバックして、フィードをコントロールしよう。フェイスブックのNews Feed Eradicator や、Newsfeed Burner, Open Multiple Websites, DF Tube などの無料のブラウザ拡張機能を利用して、気を散らす外部誘因を取り除こう（これらのサービスのリンクは、NirAndFar.com/indistractable-resources/ に掲載）。

PART 4

プリコミットメントで注意散漫を防ぐ

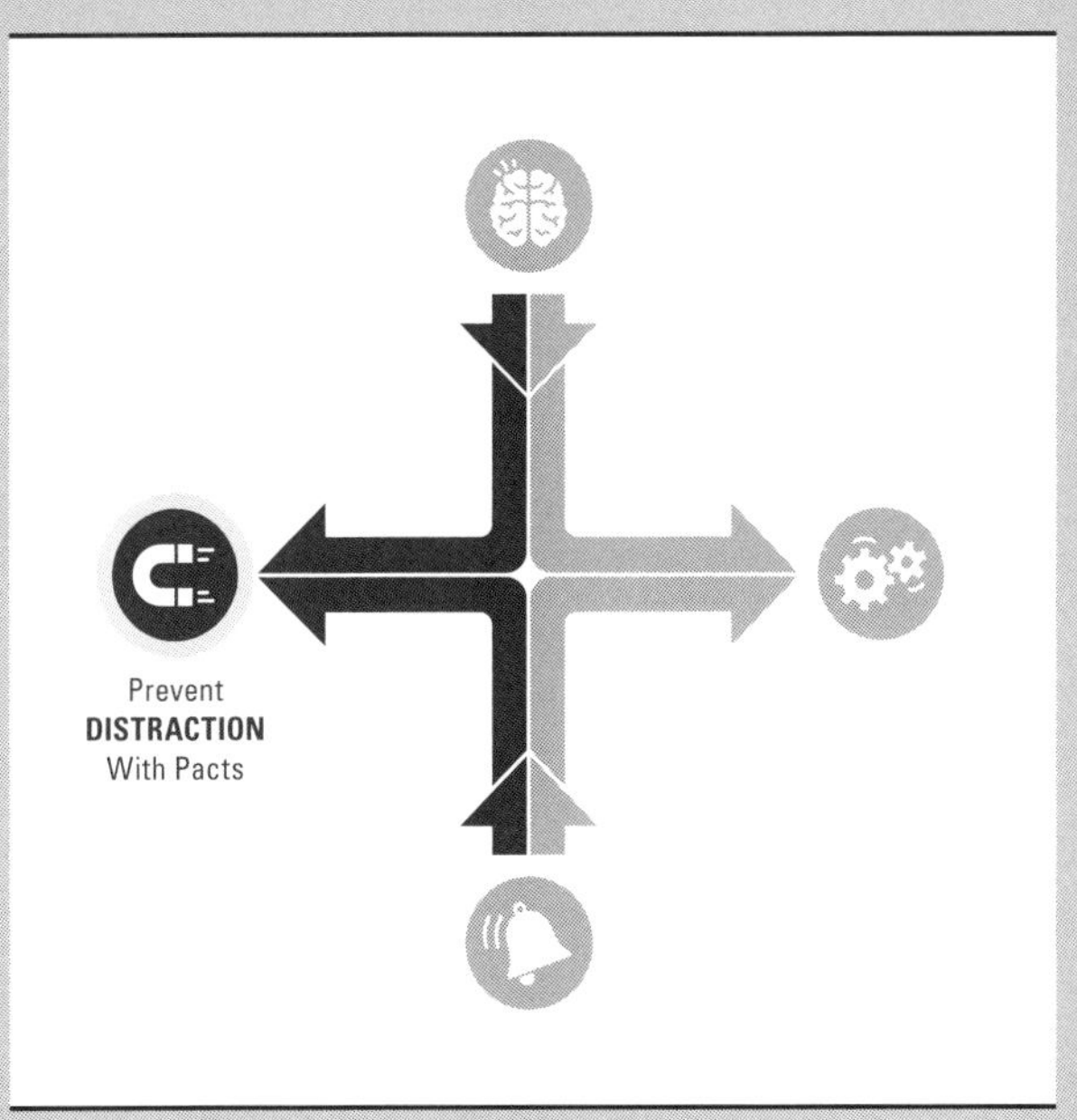

第22章 プリコミットメントの力

タイム誌が「アメリカの偉大な小説家」と呼ぶ作家ジョナサン・フランゼンは、あなたや私と同じく注意散漫と戦っている。ただし、多くの人と違って彼は、集中力を保つために思い切った方法をとっている。2010年のタイム誌のプロフィールにはこう書かれていた。

フランゼンは重い旧式のデル・パソコンを使っていて、ネットゲームはもとより、オペレーティングシステムまで消した。彼は、ネットにつながったコンピューターではまともな小説は書けないと考えているため、デルの無線LANカードを捨てただけでなく、イーサネットのポートを永久にブロックした。彼は言う。「あなたがやるべきことは、LANケーブルの端子に強力な接着剤をつけてパソコンに差し込み、根元で線を切ることだ(注1)」

フランゼンの手法は極端に思えるかもしれないが、極端な状況では、極端な手段も必要になるものだ。しかもそのような手段に走ったのは、フランゼンだけではない。著名な映画監督クエンティン・タランティーノは、映画の脚本を書く時、決してコンピューターを使わず、ノートに手書きする。[注2] ピューリッツァー賞受賞作家ジュンパ・ラヒリは、ペンで紙に書いてから、インターネットにつながっていないコンピューターでタイプする。[注3]

こうした創作の専門家たちは、集中するには、気を散らす要素を遠ざけるだけでなく、自分をつなぎとめておく必要があると考えている。注意散漫にならないためには、内部誘因をコントロールし、集中するための時間をつくり、外部誘因にハックバックしたうえで、最終のステップとして自分の気を散らす何かに引き込まれないように対策をとらなければならない。そのためには、「プリコミットメント」というテクニックを学ぶ必要がある。それには、衝動を抑えるために将来の選択を排除することも含まれる。[注4]

プリコミットメントに絶大な効果がある理由については、まだ研究の途上だが、それは昔からある戦術だ。歴史上恐らく最も象徴的なプリコミットメントは、古代の叙事詩『オデュッセイア』に見ることができる。主人公のオデュッセウスは、セイレーン（半人半鳥の怪物）が住まう島のそばを、部下たちとともに船で通ることになる。セイレーンは魅惑的な歌で船乗りを操り、船を浅瀬の岩場に引き寄せて座礁させることで知られていた。

そこでオデュッセウスは巧妙な計画を立てた。部下たちには、歌が聞こえないよう蜜蝋で耳栓をさせたが、自分はセイレーンの美しい歌を聞きたかったので、耳を塞がなかった。

ホメロスの『オデュッセイア』では、オデュッセウスはプリコミットメントをしたおかげで、セイレーンの歌声にそそのかされずにすんだ(注5)

しかし、歌が聞こえたら、船を岩場に進ませるか、さもなくば自分が海に飛び込んでしまうだろう。そこで彼は部下に命じて、自分の体をマストに縛りつけさせた。そして、私が何を言っても縄を解いてはならない、船が大海原に出るまで針路を変えてはならない、と命令した。船がセイレーンの島に近づくと、オデュッセウスは錯乱し、縄を解くよう部下に命じたが、彼らにはオデュッセウスの声もセイレーンの歌声も聞こえなかったので、難を避けることができた。

「オデュッセウスの契約」は、「将来の自分を拘束するために、設計、意図された自由意思による決定」と定義され(注6)、現在でも私たちはその種のプリコミットメントを利用する。病気や老化のせいで健全な判断ができなくなった場合に備えて、自分が望む医療行為を医師や家族にプリコミットメントする人もいるだろう。あるいは、早期に引き出すとペナルティーが生じる退職金口座に預金して老後の生活費を確保するといった、経済的なプリコミットメントをする人もいる。また、私たちは結婚という契約によって生涯、互いに貞節を守ることを保証しようとする。

こうしたプリコミットメントが強力なのは、冷静な時に判断を下して、自分を束縛し、のちに利益にならない行動をとらないようにできるからだ。プリコミットメントは、注意散漫との戦いにも利用できる。

プリコミットメントをするのに最も効果的な時期は、集中モデルの最初の3段階に取り組んだあとだ。

パート1で学んだ通り、私たちを注意散漫へと駆り立てる内部誘因に対処できなければ、集中することはできない。同様に、パート2で見たように、集中のための時間をとることができなければ、プリコミットメントは役に立たない。そして最後に、あらかじめ無益な外部誘因を取り除いておかなければ、プリコミットメントは機能しないだろう。プリコミットメントは、注意散漫を防ぐ、最後の防衛ラインだ。これからの数章では、集中を保つために利用できる3種類のプリコミットメントを見ていこう。

この章のポイント Remember This

- 集中するには、気を散らす要因を遠ざけるだけでなく、自分を縛っておく必要がある。
- プリコミットメントは、注意散漫になる危険性を防ぎ、あらかじめ決めたことを守るのに役立つ。
- プリコミットメントは、集中するための三つの戦略を遂行したあとで用いるべきだ。その3段階を省略してはならない。

第23章 努力契約で注意散漫を防ぐ

発明家のデイヴィッド・クリッペンドルフとライアン・ツェンは、夜遅くにおやつを食べるという悪い習慣を断つ簡単な方法を思いついた。彼らが発明したデバイス、「kセーフ」（元の名前はキッチン・セーフ）は、蓋にタイマーが内蔵されているプラスチック容器だ。

食べたくなる食品（例えば、私の場合はオレオクッキー）をその容器に入れ、任意の時間にタイマーをセットすると、その時間が来るまで蓋は開かなくなる。もちろんカナヅチで容器ごとたたき壊すとか、クッキーを買いにコンビニに走るといった可能性はあるが、いずれも手間がかかるので実行可能性は低い。クリッペンドルフとツェンのアイデアは実に説得力があり、リアリティ番組『シャーク・タンク』で成功を収めた。現在、kセーフはアマゾンで五つ星を400近く獲得している。(注1)

kセーフはプリコミットメントの一例だ。具体的には、「努力契約」の効果を実証している。努力契約は、望ましくない行動に過剰な努力を伴わせるプリコミットメントである。この種のプリコミットメントは、注意散漫の予防に役立つ。

> 努力契約は、
> 望ましくない行動をやりにくくして注意散漫を防ぐ。

現在、デジタル機器との努力契約を支援する製品やサービスが、続々と誕生している。例えば私は、パソコンで執筆する時はいつもSelfControl（セルフコントロール）アプリをクリックする。すると、たちまちフェイスブックやレディットといった、注意散漫をもたらすウェブサイトへのアクセスが遮断され、電子メールのアカウントも閉じられる。[注2] 遮断する時間は、必要に合わせて設定できる。私の場合、大抵は45分から1時間だ。また、Freedom（フリーダム）という別のアプリはもう少し高度で、コンピューターだけでなくモバイル機器でも、気が散る原因をブロックする。[注3]

注意散漫を防ぐアプリの中でも、私が特に気に入って、ほぼ毎日使っているのはForest（フォレスト）だ。[注4] スマホに邪魔されたくない時、私はそのアプリで、スマホを使わない時間を設定する。Plant（樹木）と書かれたボタンを押すと、画面に小さな苗木が現れ、タイマーがカウントダウンを始める。設定した時間にならないうちにスマホをいじると、そのバーチャルの苗木は枯れる。小さな木を枯らすことになると思うと、スマホを使うのが憚（はばか）られる。その木は、自分と結んだ契約を思い出させるリマインダーなのだ。

アップルとグーグルも、それぞれのオペレーションシステムに努力契約の機能を持たせることによって、デジタル機器による注意散漫の撲滅運動に参加している。アップルのｉＯＳ12にはダウンタイム機能があり、ユーザーは特定のアプリを使う時間を自ら制限できる。[注5] その時間外にアプリを使おうとしたら、アイフォーンはユーザーに追加の操作を求め、それが契約違反であることを知らせる。グーグルのアンドロイドの新バージョンに搭載されたデジタル・ウェルビーイングにも、同様の機能がある。

フォレストアプリを使えば、
スマホと容易に努力契約を結ぶことができる

追加の操作を求められると、私たちは、それをする価値があるかどうかを自問することになる。もっとも、kセーフのような製品やフォレストのようなアプリを使っても、使わなくても、努力契約を結ぶ相手は自分一人とは限らない。デジタルによる注意散漫を排除するもう一つのきわめて効果の高い方法は、他者と契約を結ぶことだ。

かつては、社会的圧力が仕事への集中を助けた。なぜなら、パソコンが登場するまで、デスクでの仕事ぶりがオフィス全体からよく見えたからだ。スポーツイラストレイテッド誌やヴォーグ誌を読んだり、週末の予定について電話で友人と話し合ったりしていると、仕事をさぼっているのがすぐにばれた。

対照的に今日の職場では、デスクで何をしているのかが、他の人にはほとんどわからない。ノートパソコンの画面に見入って、スポーツのスコアや、ニュースフィードや、セレブのゴシップをチェックしている人もいるだろう。それでも傍目（はため）には、競合調査や、見込み客の絞り込みをしているのと同じに見える。スクリーンのプライバシーという名のもとに、人を仕事に集中させる社会的圧力は消滅したのである。

この問題は、テレワークではいっそう深刻だ。私は家で仕事をすることが多いので、執筆しているべき時にあまりにもやすやすと脱線する。集中するには、社会的圧力を少々取り戻せばよいのではないかと思い、それを検証するために、私は友人で作家仲間のテイラーに、一緒に働いてくれるよう頼んだ。彼と私はほぼ毎朝、私のホームオフィスの隣あったデスクで、45分間、集中して仕事をこなすことで合意した。懸命に執筆する彼の姿を見ると、やる気が失せた時も、仕事を続けることができた。また、自分の姿が彼に見えていることが、好ましいプレッシャーになった。こうして、重要な仕事に集中するには、友人とスケジュールを決めて一緒に働くことがきわめて有効だということが証明された。

しかしスケジュールの合う友人がいない場合は、どうすればいいだろうか。テイラーが会議に出るために1週間留守にした時、私は別の人と努力契約を結ばなければならなかった。ありがたいことに、Focusmate.com（フォーカスメイト）というサイトが見つかった。そのサイトは、世界中の人が集中して仕事をするのを助けるというコンセプトのもと、一対一のビデオ会議という形で、努力契約を支援している。

テイラーが留守の間、私はフォーカスメイトに参加して、マルティンという名のチェコの医学生とペアを組んだ。マルティンは、約束した時間になると必ずフォーカスメイトとつながって、こちらが仕事を始めるのを待ってくれていたので、私は彼をがっかりさせたくなかった。マルティンが解剖学の知識を懸命に記憶している間、私は執筆に専念した。フォーカスメイトは、参加者が約束した時間にさぼるのを防ぐために、相手の評価を残すことを奨励している(*)。

努力契約には、目前のタスクを投げ出すのを防ぐ力がある。友人や同僚、フォレスト、セル

(*) 私はこのサービスが非常に気に入ったので、フォーカスメイトに投資した。

フコントロール、フォーカスメイト、kセーフなどと努力契約を結ぶことは、注意散漫を防ぐ簡単だが非常に効果的な方法になる。

この章のポイント Remember This

- 努力契約は、望ましくない行動をやりにくくさせることで、注意散漫を防ぐ。
- パソコンの時代になると、仕事への集中を促す社会的圧力はほぼ消えた。デスクでしていることが誰にもわからないので、容易にさぼることができる。同僚や友人の隣で一定の時間、一緒に働くことは、努力契約として非常に効果的だ。
- テクノロジーを利用して、テクノロジーを遠ざけることができる。セルフコントロール、フォレスト、フォーカスメイトといったアプリは、努力契約を結ぶのに役立つ。

第24章

プライス契約で注意散漫を防ぐ

プライス契約はプリコミットメントの一種で、すると言ったことをするかしないかに、お金を賭ける。約束を守れば、あなたのお金は減らないが、約束をたがえると賭け金を失う。厳しすぎるようだが、この方法は驚くほど効果的だ。

ニューイングランド・ジャーナル・オブ・メディスン誌に掲載された研究は、禁煙の実験によって、プライス契約の威力を示した。この研究では被験者を3グループに分けて、それぞれ異なる方法を試させた。(注1) まず、対照群（コントロールグループ）には、禁煙教育と無料のニコチンパッチといった従来の方法を提供した。そのグループでは、半年後に禁煙できた人は6パーセントだった。第二グループは「報酬グループ」で、禁煙できたら報酬として800ドルもらえることになっていた。このグループでは、半年後までに17パーセントが禁煙に成功した。

しかし第三の「プライス契約グループ」の結果は、最も興味深かった。最初に彼らは、半年間禁煙するという誓いを立てた上で、賭け金として150ドル預けることを求められた。禁煙に成功すると、賭け金は戻り、そのうえボーナスとして650ドルもらえる約束だった。

結果はどうなったかというと、このグループでは52パーセントもの人が禁煙に成功した。報酬が多いほどモチベーションが上がり、成功する可能性が高くなると思いがちだが、なぜ、650ドルの報酬プラス150ドル返金のほうが、800ドルの報酬より効果があったのだろうか。もしかしたらプライス契約グループの被験者は、もともと禁煙のモチベーションが高かった可能性もある。そこで、この潜在的なバイアスを排除するために、論文の著者たちはどちらのグループについても、望んで参加した人のデータだけを利用した。

論文の著者の一人は、この結果を「人は概して、利益を得ることより損失を避けることに強く動機づけられる」と説明した。つまり、ある金額を得ることで感じる喜びより、その金額を失うことで感じる痛みのほうが大きいというわけだ。この不合理な傾向は、「損失回避バイアス」と呼ばれ、行動経済学の土台になっている。

2、3年前に私は、この損失回避バイアスをうまく利用する方法を学んだ。当時の私は、あれこれ言い訳をして運動をしようとしない自分に嫌気がさしていた。自宅のマンションには設備の整ったジムが併設されていて、ジムに行くのはいたって簡単だった。したがって、行かないことを交通事情のせいにはできず、マンションの住人は無料で利用できたので会費のせいにもできなかった。ジムが嫌なら、長めの散歩をするだけでも、何もしないよりましだったが、私は何かと理由を見つけて運動をさぼっていた。

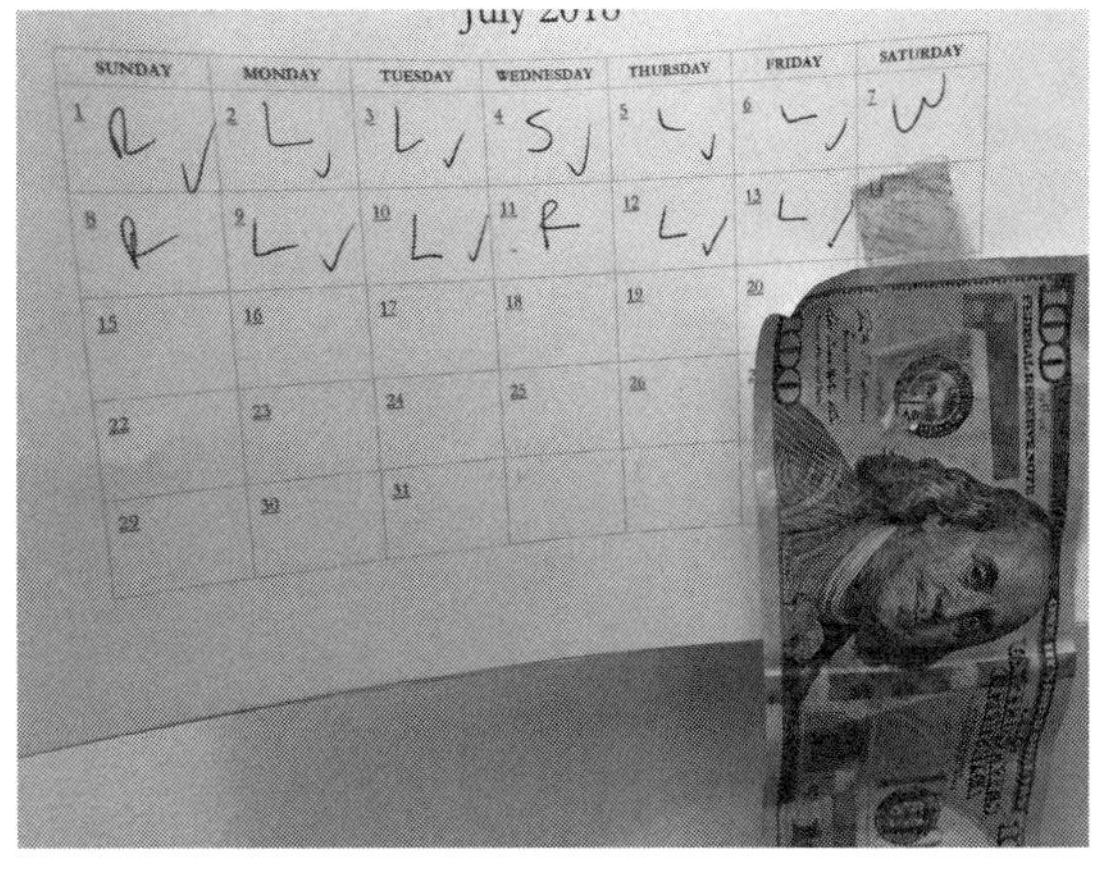

私が朝一番に見る「燃焼するか、燃やすか」カレンダーは、カロリーを燃焼するか、100ドル札を燃やすかの選択を私に迫る（＊）

ついに私は、自分とプライス契約を結ぶことにした。毎日のスケジュールに運動の時間を組み込むと、壁のカレンダーに運動の内容を書き込み、その横に100ドルの新札をセロハンテープで貼りつけた。それから99セントのライターを買って近くに置いた。毎日、私は選択に迫られた。運動してカロリーを燃焼させるか、運動しないで100ドル札を燃やすか。病気にならない限り、私に選べる選択肢は、その二つのうちの一つだけだ。

つまらない言い訳をしようとすると、いつもその100ドル札が、自分と自分の健康に対して結んだ契約を思い出させた。あなたの考えは想像がつく。「そんな乱暴な！　お札をそんな

（＊）ちなみに、カレンダーに書き入れたRはランニング、Lはウェイトリフティング、Sは短距離走（スプリント）、Wはウォーキングのことで、チェックはその日の執筆のノルマをこなしたという意味。

ふうに燃やしちゃいけない！」。それこそが私の言いたい点だ。私はこの「（カロリーを）燃焼するか、（お金を）燃やすか」のテクニックを3年以上使ってきた。その結果、筋肉が約5キロ増えたが、100ドル札は1枚も燃やしていない。

私の「燃焼するか、燃やすか」作戦が示す通り、プライス契約は約束違反に値段をつけることで、人にとるべき行動をとらせる。もっとも、プライス契約は、禁煙や減量や運動だけでなく、専門領域の目標の達成にも役立つことに、私は気づいた。その頃の私は、本書のために5年近く調査を実施し、執筆に移る時期だとわかっていながら実行できずにいた。相変わらずオンラインとオフラインで調査を続け、なお悪いことに、2、3回クリックしては、本書のテーマとは無関係の記事に飛んでいた。明らかに、私は集中できていなかった。

書き始めで挫折したり、章の途中でやめたり、枠組みがあいまいだったり、といったことを繰り返した末に、ついにある決断を下した。この本を書き上げるという目標に向かって突き進むために、プライス契約を結ぶことにしたのだ。

私は友人のマークに、プライス契約を順守するためのパートナーになってほしいと頼んだ。そして、決めた日までに第1章を書き終えなければ、彼に1万ドル払う、という約束を交わした。この約束を思うと胃がきりきりした。もしそうなったら、自分の40歳の誕生日プレゼントにするはずだった休暇の費用が消える。高さを調節できる新しいデスクを買うためのお金もなくなる。だが、何より悲しむべきは、本書を書き終えるという、私が熱望する目標が達成できないことだ。

プライス契約が効果的なのは、負けて感じる痛みを、遠い未来から現在に移すことができるからだ。賭け金が多いか少ないかは問題ではなく、痛みを感じることが重要だ。私にとってプライス契約はお守りのような役目を果たし、それだけのお金がかかっているという事実は私をフル回転させた。私は週に6日、日に2時間以上、何にも邪魔されない執筆時間を確保することを自分に誓い、それをスケジュールにタイムボクシングして、執筆に取り組んだ。その結果、私はお金を失わず（休暇と高さ調整可能なデスクを手に入れ）、今、皆さんは、私の仕事の成果を読んでいる。

ここまで読んでこられた皆さんは、プライス契約は注意散漫を防ぐ完璧な方法だと思っているだろう。もしその通りなら、注意散漫に高い賭け金を課せば、いつでも集中していられるのではないだろうか。だが、実のところ、プライス契約は、誰にでも何にでも効くわけではない。プライス契約が効果的だとしても、それには但し書きがついている。プライス契約によって最高の結果を出すには、その落とし穴を知り、それに備える必要がある。

落とし穴1

プライス契約は、避けられない外部誘因がもたらす行動を変えるのには向かない

行動の中には、プライス契約では変えられないものがある。その行動をもたらしている外部誘因を排除できない場合、プライス契約の効果はない。

例えば、爪を噛む癖のある人がそれをやめるのは難しい。なぜなら彼らは手を見ると必ず爪を噛みたくなるからだ。そのような体に関する反復行動は、プライス契約の候補としてふさわしくない。同様に、集中を要する重大なプロジェクトを完成させようとしているのに、隣の席の同僚が、飼っている子犬のとてつもなくかわいい写真を絶えず見せたがる、という状況も、プライス契約では変えられない。プライス契約がうまく機能するのは、外部誘因を排除できる場合だけだ。

落とし穴2

プライス契約が利用できるのは、当面のタスクに対してのみである

「燃焼するか、燃やすか」のようなプライス契約は、やる気を短期的に高めたい時にはうまくいく。例えば、ジムへ行くとか、集中して2時間執筆するとか、タバコへの渇望を乗り越えるといった場合だ。しかし、プライス契約があまりにも長く続くと、人はそれを罰則と見なすよ

うになり、タスクや目標を憎むというような逆効果を招く恐れがある。

落とし穴3

プライス契約には不安が伴う

効果があるとわかっていても、多くの人はプライス契約を結ぶことをためらう。私も初めのうちはそうだった。「燃焼するか、燃やすか」の契約を結ぶと、ジムに出かけるという面倒なタスクが義務になるので気が進まなかった。同じく、マークと握手して原稿を完結させるという誓いを立てた時も、気分は最悪だった。しかし、のちには、そうした躊躇がばかげていたことに気づいた。目標を設定するこれらの契約は、成功をもたらす可能性がきわめて高かった。

> プライス契約を結ぶ時は、誰でも躊躇するものだ。
> だが、とにかく契約を結ぼう。

落とし穴4

プライス契約は、自分を責める人には不向き

先に紹介した禁煙研究は、これまでに行われた禁煙研究の中で最も成功した一つだが、「プライス契約グループ」の52パーセントは禁煙に成功したものの、残り48パーセントは成功しなかった。行動の修正は難しく、一部の人は失敗する。長期的な行動修正プログラムは、目標を

達成できなかった人に対応しなければならない。失敗からの立ち直り方を教えることが重要だ。第8章で見たように、挫折した時には、自分を責めるのではなく自分を思いやること（セルフ・コンパッション）で、正しい方向に戻ることができる。プライス契約を結ぶ時には、自分を思いやれること、いつでも再挑戦できることを確認しておこう。

以上の四つの落とし穴の中に、プライス契約の効果を否定するものはない。むしろ、この四つは、集中するための正しいツールを選ぶ際の指標になるものだ。プライス契約を正しく利用すれば、注意散漫を防ぎ、困難な作業への集中を持続させる、実に効果的な方法になる。

この章のポイント Remember This

- ●プライス契約は、注意散漫にコストを課す。それは非常に強力な動機になることが証明された。
- ●プライス契約は、注意散漫の外部誘因を排除できる場合に効果がある。
- ●プライス契約は、一時的な注意散漫を防ぐのに役立つ。
- ●プライス契約には不安が伴う。やりたくないことをやらなければならなくなるので、私たちはそれを結ぶのを躊躇する。
- ●プライス契約を結ぶ前に、自分を思いやることを学ぼう。

第25章 アイデンティティー契約で注意散漫を防ぐ

行動を変える最も有効な手段の一つは、アイデンティティーを変えることだ。現代の心理学が認めているように、自分に対する見方を少し変えるだけで、将来の行動に劇的な影響を及ぼすことができる。

２０１１年にスタンフォード大学の心理学者たちが行った実験を見てみよう。(注1) その研究を設計したのは、クリストファー・ブライアンという若い研究者だ。まず彼は、二つの有権者のグループに、選挙に関する質問をした。第一グループへの質問には、「あなたにとって投票する意義は？」というように、「投票する」という動詞が含まれていた。第二グループへの質問には、「あなたにとって、投票者であることの意義は？」というように、「投票者」という名詞が含まれていた。(注2) わずかな違いだと思うかもしれないが、その影響は大きかった。

研究者たちは、その影響を調べるために、被験者に投票する意思の有無を尋ね、のちに公の投票記録から、彼らが実際に投票したかどうかを調べた。その結果は、「投票行動への影響は、これまで投票率が客観的に調べられた実験の中で最大だった」と、ブライアンと共著者たちは、『米国科学アカデミー紀要』(注3)に掲載された論文で述べている。「投票者」としての自覚を問われた人々のほうが、単に「投票する」かどうかを問われた人々より、投票する可能性が高かったのだ。

驚くべき結果だったので、研究者たちはその有効性を確認するために、別の選挙でも同じ実験を行った。結果は前回と同じで、「投票者」グループの投票率は、「投票する」グループを大幅に上回った。ブライアンはこう結論づけた。「投票が、単なる行動ではなく、自己の表出、すなわち人格の象徴と見なされると、人は投票する可能性が高くなる」

実際、自己イメージは行動に強く影響し、それは投票に限ったことではなく、アイデンティティーをうまく利用すれば、脳は、難しい選択や意思決定を容易にこなせるようになる。

自己認識が行動を変える

自分をどう認識するかは、注意散漫や意図しない行動への対処の仕方にも強く影響する。ジャーナル・オブ・コンシューマー・リサーチ誌に掲載された研究は、人が誘惑に直面した時に使う言葉を検証した。(注4)その実験では、一方のグループは、健康に悪い食べ物について、「私はそれを食べられない（I can't）」と表現するよう指示され、もう一方のグループは「私はそれを食べない（I don't）」と表現するよう指示された。実験の最後に被験者は、参加したお礼として、チョコレートバーかグラノラバーのどちらか欲しいほうをもらった。「私は食べない」グループでは、健康的な食品（グラノラバー）を選ぶ人の数が、「食べられない」グループより2倍多かった。論文の著者たちは、このような差が出たことについて、「私は〜しない」という表現が人間の心理にエネルギーを注入した、すなわち「心理的エンパワーメント」が起きたからだと説明する。この結果は、投票についての研究の結果に似ていた。つまり、「私は〜できない」は行動を表すが、「私は〜しない」は、ある種の人格を表している。

アイデンティティーを利用して注意散漫を防ぐには、「アイデンティティー契約」を結ぶとよい。それは、本当にしたいことをするための、自己イメージへのプリコミットメントだ。

こんなジョークがある。「どうすれば誰が菜食主義者だとわかるだろうか？」。オチは、「心配しなくても、向こうから教えてくれるよ」である。このジョークは、「菜食主義者」を「マラソンランナー」や「海兵隊員」に入れ替えても通用する。

かつて私は5年間にわたって、菜食主義を通した。それを試した人なら誰でも覚えがあるはずだが、友人たちは必ず、「肉が恋しくない？　肉はおいしいよ」と言った。もちろん肉は恋しかった。しかし、菜食主義者を自称するようになってから、どういうわけか、かつては食欲をそそったものが、急にそうではなくなった。自分の定義を変えた途端、以前は大好きだった食べ物をおいしいと思えなくなった。私が肉を食べられないのではない。私は菜食主義者になり、菜食主義者は肉を食べないのである。

アイデンティティー契約を結ぶことで、私は将来の選択を限定した。以来、肉を食べないことは、私にとって難しいことではなくなった。それは嫌なルールや掟ではなく、ただ私がそうしないだけ。厳格なイスラム教徒が酒を飲まず、敬虔なユダヤ教徒が豚肉を食べないのと同じである。彼らも、ただそうしないだけだ。

行動をアイデンティティーと結びつけることで、自己イメージに基づいて選択するようになる。

では、注意散漫と戦うには、どのようなアイデンティティーを持てばいいのだろうか。それは、本書のタイトルが『Indistractable』（訳注＊原書タイトル。注意散漫にならない、という意味）である理由を考えればわかるだろう。Indistractable な世界へようこそ。「自分は indistractable」と考えることによって、あなたは新たなアイデンティティーと、より強い力を得ることができる。またこのアイデンティティーによって、スケジュールを細かくタイムボクシングする、メールの返事をすぐに戻さない、パソコンのディスプレーの上に「いま、とても集中していま す」のカードを置くといった、自らの奇妙な行動を正当化できる。これらの行動は、信仰に基づく装いをしたり、特別なものを食べたりといった、他のアイデンティティーの表現と何も変わらない。今こそ、自分は絶対に注意散漫にならない、と宣言し、それに誇りを持つべきだ！

自分の新たなアイデンティティーを人に告げるのは、契約を強固にする優れた方法だ。多くの宗教が信者に布教を奨励していることに、あなたは気づいているだろうか。布教は信者を増やす方法の一つだが、心理学的に見れば、それには不信心者を信者にするだけに終わらない効果がある。最近のいくつかの研究により、他者にアドバイスすると、自分のモチベーションと信念が強化されることがわかった。アメリカの研究者ローレン・エスクレイス・ウィンクラーとアイレット・フィッシュバックは、失業者から落ちこぼれの子どもまで、多様なグループで実験を行った。その結果は一貫して、専門家から教わるよりも、自分が人に教えるほうが、行動を変えようとするモチベーションが高まることを示していた。（注5）

しかし、完全に理解できていないことを、人に教えてもよいのだろうか。自分自身、完璧と呼ぶには程遠いレベルで、人にアドバイスしてよいものだろうか。研究によると、自分が苦闘していることを認めたうえで人にアドバイスすると、自分の将来の行動を変える効果がいっそう高まるそうだ。（注6）エスクレイス・ウィンクラーとフィッシュバックがＭＩＴスローン・マネジメント・レビュー誌（注7）に記したように、人は過去の過ちを告白することで、自己批判に陥ることなく、自分がどこでしくじったかを知ることができる。いや、むしろ人に教えることで自分が力づけられ、新たなアイデンティティーを構築できる。同じ間違いを犯さないよう他者を導くという行動は、それをよく示している。

アイデンティティーを強化するもう一つの方法は、儀式を行うことだ。ここでもう一度、宗教を見てみよう。宗教上の儀式の多くは、少なくとも部外者から見れば、容易なものではない。メッカの方角に向かって1日に5回、祈りを捧げたり、食事の前にいつも祈りの言葉を唱えたりするには、努力を要する。それでも、厳格な信者にとってこうした日々のルーティンは、その意義を疑ったりせず、ただ行うべきことだ。そのような献身を、他の困難なタスクに向けていったらどうなるだろうか。それが何であっても、自分が望むことを、厳格な信者のような忠誠心をもって行ったらどうなるか、想像してみよう。

最近の研究は、職場や日常生活での世俗的な儀式には、絶大な効果があることを示唆している。ハーバード・ビジネス・スクールのフランチェスカ・ジーノ教授たちは、減量を望む人々を被験者として、儀式が自制（セルフコントロール）にどう影響するかを調べた。[注8] 最初のグループは、5日間、食べるものに気を遣うことを求められた。第二グループは、食事前に3段階からなる儀式を行うよう指示された。その儀式は、まず食べ物を切り、次に切ったものを皿の上に左右対称に並べ、それぞれ食べる前に3回フォークかナイフで叩く、というものだ。ばかばかしい儀式だが、驚くほど効果があった。儀式のグループは、食事に気を遣ったグループより、カロリーも脂肪も糖分も、摂取量が少なかった（*）。ジーノ教授は語る。儀式は「時間の無駄のように見えるかもしれないが、私たちの研究が示唆するように、それらは非常に強力だ。

長年の伝統でなくても、単純な儀式だけで、修練と自制に役立つこともある」。

> 信念が行動を形づくると言われているが、逆もまた真実だ。(注9)

儀式の重要性を裏づける証拠は、パート2で述べた、規則正しいスケジュールを保つことの大切さの証左となる。私たちは、計画通りに実行すればするほど、自分のアイデンティティーを強化できる。また、儀式は、自分のアイデンティティーを忘れないために利用することもできる。例えば、私は毎朝、仕事に取りかかる前に、短い格言を唱えることにしている。ウィリアム・ジェイムズの「賢明であるというのは、無視できるものを知っているということだ」を始めとするそれらの格言は、何年もかけて集めたものだ。格言を唱えるというこの儀式は、私のアイデンティティーを強化してくれる。(注10)

私はまた、折を見つけては、自分に「注意散漫にならない」というラベルを貼っている。一例を挙げれば、家で働く時、集中を要する仕事の前には、妻と娘にそう告げておく。第18章で述べた通り、私は集中している時間には、電話がかかってきても、「今は電話に出られません」

(*) 儀式はセルフコントロールしようとする人の助けになるが、万人向けではない。食べ物を用いる儀式は、摂食障害の人には勧められない。

と自動音声で応えるようにしている。おまけに、胸にINDISTRACTABLEの文字が入ったTシャツを着て、鏡を見ることで、あるいは、誰かに意味を聞かれ、説明することで、アイデンティティーを強化している。

アイデンティティー契約を結べば、自分が望む自己イメージを確立することができる。そうなると、何を食べ、他者とどう接し、注意散漫をどう防ぐか、といったことに関して、自分の価値観に即した行動がとれるようになる。アイデンティティーは確立したものと見なされがちだが、実のところ自己イメージは、私たちが頭の中でつくり上げたものにすぎない。それは思考の習慣であり、ここまでに学んだ通り、習慣はより良いものに変えることができる。

パート1からパート4までは、四つの側面（集中と注意散漫、内部誘因と外部誘因）から、注意散漫を防ぐ方法を学んできた。もう、実践への準備は整っているはずだ。あなたはこの方法を身近な人に教えることもできるし、再び注意散漫に陥った時には、また試せばいい。

ここまでは主に、気を散らさないためにできることに焦点を当ててきた。しかし私たちは、他の人々とともに働き、暮らしている。次章以降では、職場の文化（社風）が注意散漫にどう影響するかを掘り下げていく。また、子どもが注意散漫に陥りがちな理由と、子どもが「精神的栄養」を必要とすることの意味を学ぶ。そして最後に、友人や家族と過ごしながら気を散らさない方法と、彼らが集中力を保つのを支援する方法を考察する。

この章のポイント Remember This

- アイデンティティーは、行動に強く影響する。人は、自己イメージに沿って行動しやすい。
- アイデンティティー契約は自己イメージに対するプリコミットメントだ。アイデンティティーと一致する行動をとることで、注意散漫を防げる。
- 「何か」になる。「何か」を自称することで、それと一致する行動をとる可能性が高くなる。自分を「決して気が散らない人」と呼ぼう。
- 人に伝える。努力の途上にあったとしても、人に教えることで、努力の対象へのコミットメントが強化される。気を散らさないための良策は、本書で学んだことと、人生で起こそうとしている変革について、友人に語ることだ。
- 儀式を取り入れる。マントラを唱える、スケジュールのタイムボクシングを続けるなど、何らかの行為を繰り返すと、その人のアイデンティティーは強化され、将来の行動に影響が及ぶ。

PART 5

職場を
集中できる環境にする

第26章 注意散漫は組織の機能不全のサイン

現代の職場には、注意散漫の誘因があふれている。大きなプロジェクトに取り組んでいて、それには集中力が欠かせないのに、上司はおかまいなしにあれこれ要求してくる。1時間、仕事に集中するつもりでいたのに、別の「緊急」会議のせいでその計画はつぶれる。帰宅後は家族や友人と過ごすはずだったのに、深夜のビデオ会議の招集がかかる。

ここまでの数章では、タイムボクシング、スケジュールの調整、職場の外部誘因へのハックなど、職場で使えるいくつかの戦術について述べたが、一部の人にとってこの問題は、戦術を磨くだけでは対処しきれないものになっている。

注意散漫を自力でコントロールする方法を学ぶことは大切だが、仕事が絶え間なくあなたの計画を阻害する場合は、どうすればいいだろうか。絶えず気が散るような状況で、会社と自分の両方にとって最善となる解決策はあるのか。常時回線につながっている現代の環境にあって、注意散漫は避けようのないことなのか。それとも避ける良い方法があるのだろうか。

多くの人は、問題の根源はさまざまなテクノロジーの普及にあると考えているようだ。実際、電子メール、スマホ、グループチャットが企業内で増殖するにつれて、社員はそれらのツールを使って、上司が望むことを即時実行することを期待されるようになった。しかし、職場での注意散漫にはもっと根深い原因があることを、新たな研究は示唆する。

パート1で見たように、注意散漫の多くは、心理的な不快さを避けたいという欲求から生じる。では、現代の会社員を不快にしている要素は何なのか。企業が社員に多大な苦痛を感じさせているという証拠は多い。実のところ、2006年にユニバーシティ・カレッジ・ロンドンでスティーヴン・スタンスフェルドとブリジット・キャンディが行ったメタ分析では、ある種の職場環境はうつ病を引き起こす可能性が高いことがわかった。(注1)

スタンスフェルドとキャンディの研究は、チームメイトの協働のあり方、社会的支援の程度、雇用の安定など、職場のうつにつながりそうな要因について調べた。その結果、これらの要因は、愚痴のタネにはなりがちだが、メンタルヘルスとの関連はほとんどないことがわかった。

しかし彼らは、職場でのうつを引き起こす可能性が高い二つの要因を発見した。「重要なのは、仕事の内容ではなく、仕事をする環境でした」とスタンスフェルドは私に話した。(注2)

第一の要因には、研究者たちが「職務ストレス」と呼ぶものが含まれる。そのストレスは、社員が高い期待に応えようとしても、結果が自分ではコントロールできない状況で生じる。スタンスフェルドは、この緊張はブルーカラーだけでなくホワイトカラーも感じると述べ、その状況を、「工場の組み立てラインがうまく機能していないのに、生産ペースを落とせないまま働くようなもの」と表現した。アメリカのコメディドラマ『アイラブ・ルーシー』の、有名なチョコレート工場のシーンでは、ルーシーが高速のベルトコンベヤーで次々に運ばれてくるチョコレートを包装しようと奮闘する。今日のオフィスワーカーの中にも、続々と送られてくる電子メールや課題のせいで、多大なストレスを感じている人がいる。

職場のうつと関係がある第二の要因は「労力と報酬のアンバランス」だ。仕事がきついわりに報酬（賃金であれ、認知度であれ）が十分でない、と社員が感じる状態が続くと危ない。「職務ストレス」も「労力と報酬のアンバランス」も、鍵になっているのはコントロールの欠如だとスタンスフェルドは見ている。

メンタル・ヘルス・アメリカによると、うつ病による欠勤がアメリカ経済に及ぼすコストは、年間510億ドルを超すそうだが[注3]、この数字は問題の表層をなぞっただけだ。その影には、うつと診断されないまま職場で苦しみ、能力を発揮できないでいる数百万のアメリカ人がいる。さらに、注意散漫が起こりがちな不健全な職場環境では、軽度のうつになる人が多いが、この数字はそうした人々を勘定に入れていない。私たちは不快さから逃れるためにデバイスに向かう。仕事をコントロールできないと感じる時には、気分を良くするためにハイテク機器に手を伸ばす。電子メールをチェックしたり、グループチャットに割り込んだりすると、生産的になったような気がするからだ。そうしたところで状況が改善するわけではないのだが。

テクノロジーは、職場での注意散漫の原因ではない。原因はもっと深いところにある。

元コンサルタントで現在、ハーバード・ビジネス・スクールの教授を務めるレスリー・パーロウは、4年にわたって大規模な研究を敢行し、その結果を著書 *Sleeping with Your Smartphone*（スマホとともに眠る）にまとめた。(注4) その中で彼女は、一流経営コンサルティング会社のボストン・コンサルティング・グループ（BCG）において、社員が周囲からの高い期待を感じながら仕事をコントロールできなかったいくつかの事例を、精神疾患と結びつけて述べている。その一つは、仕事のスタイルが正反対の二人の上司（シニアパートナーとジュニアパートナー）が率いたプロジェクトの事例だ。上司の一人は早起きで、もう一人は夜更かしだった。彼らは家庭内離婚している夫婦のように、同じ部屋にいることはめったになく、チームを通して意思疎通しようともしなかった。チームのメンバーだったコンサルタントはこう回想する。

ジュニアパートナーは絶えず私たちの仕事を増やし、より多く働くことを求めるので、私たちは毎週、会議のために50ページ前後のパワーポイントの資料を用意しなければなりませんでした。一方、シニアパートナーは、私たち全員がなぜ、危険水域（週65時間以上の労働）にいるのかと不思議がりました。（中略）前者は夜遅くまで起きていて、夜の11時に変更事項を送ってきます。一方、後者は早起きで、朝の6時に電子メールを送ってきます。（中略）その両方に私たちは対応していたのです。[注5]

このエピソードは極端な例かもしれないが、それが光を当てる問題は特別なものではない。任務をこなし、上司を喜ばせようとする社員は、職場での物事の進め方は変えられないと感じがちだ。パーロウはインタビューを受けてこう語った。「パートナーはノーよりイエスを聞きたがるので、社員はその要求に応えようとします」

家族と過ごしたり眠ったりするための時間に、上司がメールを送ってきたら、社員はすぐそれを読んで返信するだろう。また、テーマが何であっても、上司が議論の必要性を感じ、会議を開くのであれば、社員は急ぎの仕事を抱えていても、すべて中断してその会議に出るだろう。そのような社風が浸透している会社で、上司が（社員の個人的な計画とは関係なく）、チームが遅くまで働く必要があると感じていたらどうなるかは、容易に想像がつく。

精神を蝕むこうした社風にテクノロジーが加わることで、事態は悪化する。パーロウは自らが「反応性のサイクル」と呼ぶ状況で、常に待機していることを求められる社員のプレッシャーについて説明する。「一般に、常時待機のプレッシャーは、時間帯（タイムゾーン）の異なるクライアントや顧客やチームメイトからの要望に応えるためというような、一見合理的な理由から生じます。

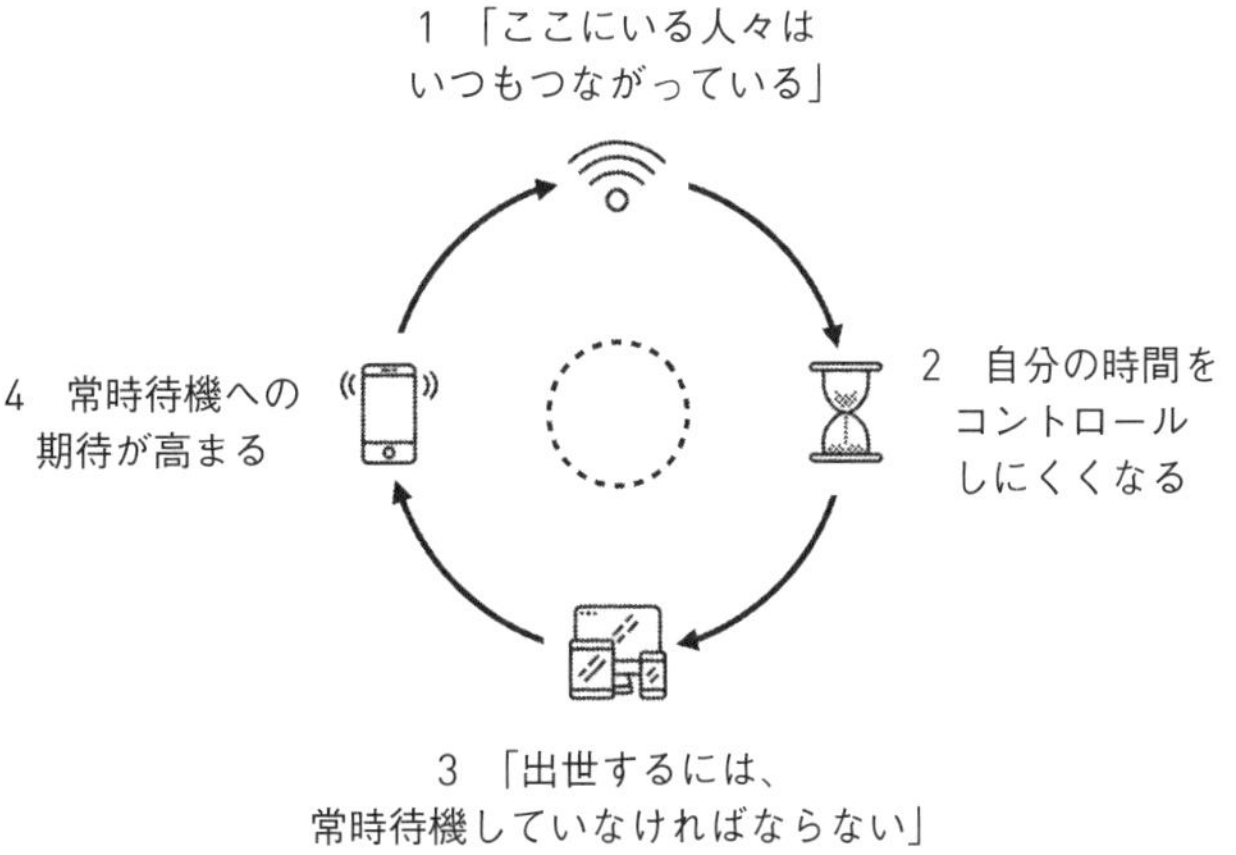

1 「ここにいる人々は
いつもつながっている」

2 自分の時間を
コントロール
しにくくなる

3 「出世するには、
常時待機していなければならない」

4 常時待機への
期待が高まる

テクノロジーは悪しき「反応性のサイクル」を永続させるが、根本的な原因は
機能不全の社風にある。（出典）Inspired by Leslie Perlow Book, *Sleeping With Your Smartphone*

社員はそうした要望に応えるために、自分が用いるテクノロジーを順応させ、日々のスケジュール、仕事のやり方、生活の流儀を変更し、家族や友人との交流の仕方さえ変えていく。すべては、相手の要望にすぐ応えられるようにするためです」

アクセスしやすくすることには高い代償が伴う。子どものサッカーの試合中に、同僚からの電子メールに返信すると、同僚は、以前は「立ち入り禁止」だった時間帯にも、迅速な反応を期待するようになる。そうなるとオフィスからの要求は増え、個人や家族の時間が労働時間になってしまう。

連絡が増えるほど、返信へのプレッシャーは増していく。電子メールの受信箱はいっぱいになり、スラック（チームコミュニケーションのアプリ）のメッセージは増え続ける。やがて、いつでも反応するという文化が、ＢＣＧでそうなったようにオフィスの標準になる。

こうしたことの連鎖が、反応性のサイクルを引き起こす。スマホなどのテクノロジーやスラックなどがこのサイクルに拍車をかける。しかし、テクノロジーは問題の原因ではなく、むしろ、その過剰使用は症状なのだ。

機能不全の社風こそが真の原因だ。

問題の根本的な原因を理解したパーロウは、ＢＣＧが有害な社風を変えるのを助けた。その過程で彼女は、企業がテクノロジーの過剰使用などの問題を解消できない場合、背景により深い問題が潜んでいる可能性が高いことを明らかにした。次の章では、ＢＣＧを助けるために彼女が行ったことと、注意散漫をもたらす社風を変えるためにあなたにできることを述べよう。

この章のポイント Remember This

●社員が高い期待を感じながら、仕事のやり方をコントロールできない場合、うつの症状が生じやすい。

●うつのような症状はつらい。人は気分がすぐれないと、注意をほかに向けて、苦痛を避け、コントロールできているという感覚を得ようとする。

●職場でのテクノロジーの過剰使用は、機能不全の社風の兆候である。

●テクノロジーの過剰使用は、隠れた問題を悪化させ、「反応性のサイクル」を恒久化させる。

第27章 注意散漫の改善は、企業文化の試金石

ボストン・コンサルティング・グループ（BCG）の調査を始めた時、レスリー・パーロウはその会社が24時間、休みなしだということをよく知っていた。BCGは、コンサルタントの離職の多さに悩んでいた。同社のコンサルタントに話を聞いたところ、理由はすぐにわかった（私が大学卒業後、最初に勤めた職場はBCGだったが、それはパーロウが同社の研究を行うよりかなり前のことだ。私はBCGに長くはいなかった）。勤務スケジュールを自分で決められないことと、常に仕事に縛られているように感じることだ。

この問題に取り組むために、パーロウはシンプルな方法を思いついた。もしBCGで働くコンサルタントたちが、常にオンである生き方を嫌っているのならば、少なくとも「週に一晩の休暇」をとれるようにしたらどうだろうか？　その間は電話や電子メールから解放され、仕事に引き戻されることを恐れずに自分のための計画を立てられるはずだ。(注1)

パーロウがそのアイデアをBCGのマネージング・パートナーであるジョージ・マーティン

に話したところ、即座に「自分」のチームに干渉しないでほしい、という答えが返ってきた。しかしマーティンは、恐らくは、好奇心の強いパーロウを諦めさせるために、「オフィスの周りをうろつくこと」と、「協力してくれそうな他の人を探すこと」を許可した。やがてパーロウはダグという若いマネージング・パートナーを見つけた。ダグには子どもが二人いて、もうじき三人目が生まれる予定だった。彼は仕事と私生活のバランスをとるのに苦心しており、自分のチームをパーロウの実験台にすることに同意した。こうしてパーロウは、どうすればダグとその部下たちが、会社との接続を断って過ごせるようになるかを、研究し始めた。

パーロウはまず、目標はチーム全員が1週間に一晩、休息をとれるようにすることだ、と彼らに告げた。納得したチームは、その目標を達成するための方法を模索し始めた。彼らは定期的に集まって、「一晩の休息」の実現を妨げる障害について議論し、その実現のために必要な、新たな習慣をいくつか提案した。

BCGのコンサルタントは、24時間いつでも連絡がとれるようにしなければならないわけを、長年にわたって無数に聞かされてきた。働き方を改善しようとする人もいないわけではなかったが、大抵は、「BCGはサービス業だから」「タイムゾーンをまたぐ仕事だから」「クライアントから依頼があるといけないから」といった理由で却下された。しかしこの問題について率直に議論する機会を得たダグのチームは、シンプルな解決策がたくさんあることに気づいた。「ここではこうあるべき」の一言で却下されてきた職場のジレンマは、その問題について話し合える安全な場所、つまり電話やコンピューターとの接続を数時間切ることを望んでも「怠け者」というレッテルを貼られる恐れのない場所があれば、解決できたのだ。

これらの会合では、テクノロジーの遮断のほかにもさまざまな話題が語られ、パーロウの予想をはるかに超える成果がもたらされた。休息を実現するための会合は、「オープンに話してもかまわない」という雰囲気をもたらし、パーロウに言わせれば、それこそが「重要なこと」だった。

やがてチームは、会社の他の規範にも目を向けるようになった。「なぜこうしなければならないのか?」と問うことのできる場を得たことで、彼らは自由に話し合えるようになり、新たなアイデアが次々と生まれた。「タブーはなく、何についても話せた」と、あるコンサルタントは言う。チームの上級メンバーは、「いつも賛成するわけではなかったが、どんな話題も持ち出すことができた」と明かす。

接続を断つことに関する議論から始まったことが、
オープンな対話の場をもたらした。

マネジャーたちにとってそれらの会合は、より大きな目的と戦略について語る場にもなった。それまでは忙しさゆえに無視されてきた話題だ。自分の仕事がより大きな構想にどう貢献しているかがはっきりしてくると、チームのメンバーは自らの力と、プロジェクトへの影響力を自覚できるようになった。アイデアはますますあふれ出て、会合は、チームメンバーの貢献を称え、懸案を提起し、以前は対処されなかった問題を明らかにする場になっていった。

こうしてチームは、24時間対応サイクルにストップをかけることができた。彼らはテクノロジーを非難するのではなく、それらの過剰使用の背景にある理由を熟考した。会社に根づいていた有害な文化は、それについてオープンに話せるようになると、そうあるべき規範ではなくなり、克服可能な課題と見なされるようになったのである。

1週間に一晩の完全な休暇を得る方法を探す、という課題から始まったことが、BCGの企業文化を根底から変えた。スタンスフェルドとキャンディの研究で確認されたように、ある種の職場環境とうつ病の発症率の高さが関連づけられると、BCGは全社を挙げて変容し始めた。

現在、BCGでは、ジョージ・マーティンのボストン・オフィスも含め、あらゆるところで、「遮断」の時間を全員が確保できるようにするための話し合いが、定期的に持たれている。さらに注目すべきは、オープンに話し合える場を得たことで、社員は仕事を自分でコントロールしていると思えるようになり、仕事の満足度が高まり、離職率が下がるという予想外の結果が出たことだ。それは社員が、自分たちが抱える問題、ひるがえせば会社が抱える真の問題を、はっきり口に出せるようになったからだ。

会社は、テクノロジーの過剰使用や高い離職率といった症状と、悪い社風という病気を混同しやすい。

パーロウがBCGで明らかにした問題は、さまざまな業界のあらゆる規模の組織を苦しめている。グーグルは、社員の定着を促進しチームの生産性を高める要因の解明に乗り出した。そしてこの検索の巨人は、「何がグーグルのチームの生産性を高めているか」を2年にわたって研究した成果を発表した。(注2)

研究を始めた時、調査チームは、「優れたメンバーからなるチームほど生産性が高い」という答えが出るはずだ、と確信していた。チームのメンバーであるジュリア・ロゾフスキーはこう記している。

> ローズ奨学生を一人、外向的な人を二人、Angular JSが得意なエンジニアを一人、哲学博士を一人、さあこれでドリームチームのできあがり、そうでしょう? いえ、私たちは完全に間違っていました。チームに誰がいるかということより、チームのメンバーがどのように互いと関わり合い、チームの仕事を組み立て、その貢献について検討するかということのほうが、はるかに重要だったのです。

この研究者たちは、成功したチームに共通する五つの力を発見した。最初の四つは、相互信頼、構造と明確さ、仕事の意味、仕事のインパクトだ。そして五つ目の力は最も重要で、他の四つを支えていた。それは「心理的安全性」と呼ばれるものだ。ロゾフスキーはこう説明する。

心理的安全性の高いチームに所属する人は、グーグルを離れる可能性が低く、チームメイトから多様なアイデアを得て、それらを活用し、より多くの収益をもたらし、生産性が2倍高いと経営陣から評価されていました。

「心理的安全性」という用語は、ハーバード・ビジネス・スクールの組織行動学者であるエイミー・エドモンドソンの造語だ。ＴＥＤxのスピーチで、エドモンドソンは心理的安全性を「チームの中で、自分の考え、疑問、懸念、誤りを口に出しても、罰を受けたり、恥をかいたりすることはないと信じられる状態」と定義した。(注3) 口に出すというのは簡単に聞こえるが、心理的安全性を感じられなければ、チームメンバーは懸念や考えを口に出そうとはしないだろう。ロゾフスキーは続ける。

結局のところ誰でも、能力、認識、積極性が劣っているように見える行動はとりたくありません。この種の保身は職場では自然な戦略ですが、チームの生産性にとっては害になります。心理的安全性の高いチームでは、メンバーは過ちを認め、互いと協力し、新たな役割を積極的に担う傾向にあります。

心理的安全性は、スタンスフェルドとキャンディの研究で発見された、うつ病を誘発する職場環境に対抗する手段になる。それはまた、BCGで社員の休日を確保するための会合を開くようになった時に、チームが発見した秘訣でもある。

＝＝自分には変えようのない非情な機械に取り囲まれているのではなく、自分の声がしっかり聞き届けられることがわかると、心身の健康にプラスになる。

では、チーム、ひいては会社は、どうすれば心理的安全性を生み出せるのだろうか。エドモンドソンはその答えとして、三つのステップを挙げる。(注4)

ステップ1――「仕事を処理すべき問題としてではなく、学習上の問題と捉える」。未来は不確かなので、「その課題解決には全員の頭脳と意見が欠かせない」ことを強調する。

ステップ2――「上司が間違える可能性もあることを認める」。すべてに完璧なマネジャーはいないことを、部下にわかってもらう必要がある。

ステップ3——最後に、リーダーたる者は、「好奇心を持ち、多くの質問をしなければならない」。

エドモンドソンは、組織、とりわけ競争の激しい環境にあり、チームメンバーの相互依存性が強い組織は、高いモチベーションと心理的安全性を必要とする、と主張し、その二つが揃った状態を「学習ゾーン」と呼ぶ。

チームは「学習ゾーン」にある時に、最高のパフォーマンスを発揮できる。そこでは攻撃や解雇を恐れることなく、懸案事項を述べていい。また、テクノロジーの過剰使用や注意散漫といった問題を提議しても、怠け者と見なされる恐れはない。この学習ゾーンを満たす企業文化は、自分で仕事をコントロールできないと感じる時に生じがちな内部誘因から社員を解放する。

会社が社員に心理的に安全な場所を提供し、懸案を口に出してともに解決できるようにして初めて、より大きな問題を解決することができる。集中を乱されることなく最善を尽くせる環境を社員に提供できるかどうかは、組織文化の質を測る試金石になる。次章では、その取り組みに成功を収めた企業から学ぶことにしよう。

この章のポイント Remember This

●黙って苦しむのはやめよう。テクノロジーの過剰使用について話し合えない職場は、人々が重要な問題（と洞察）を押し隠す職場でもある。

●組織メンバー一人ひとりの声が重要だということを知ろう。心理的安全性を培い、懸案についてオープンに、かつ定期的に、議論するチームは、注意散漫の問題が少ないだけでなく、社員と顧客が幸福である。

第28章

集中が乱されない職場

現在、常にオンであることを社員に求める理不尽な文化が、多くの会社に蔓延している。ビジネス向けのチャットアプリ、スラックは、そのような文化を体現するテクノロジーだ。それを使うと、常にデバイスとつながっているように感じられるが、往々にして、より重要な仕事が犠牲になる。

毎日、1000万人以上がスラックにログオンしている。(注1) スラックの社員は、当然ながらスラックを多用している。したがって、テクノロジーが注意散漫を引き起こすのであれば、スラックの社員は注意散漫に悩まされているはずだ。だが驚いたことに、メディアの報告と、私が話を聞いたスラックの社員によると、同社はその問題を抱えていなかった。

サンフランシスコにあるスラックの本社を訪ねると、玄関の壁に書かれた奇妙なスローガンに目がとまる。明るいピンクの壁に、白い文字でくっきりと、「せっせと働いて、家に帰ろう」と書かれている。シリコンバレーの企業にはふさわしくないモットーだ。シリコンバレーでつくられるツールは、多くの人に残業をさせ、帰宅後も仕事をさせているのだから。

しかし、スラックの社員は、ログオフするタイミングを知っている。スラックを2015年の「カンパニー・オブ・ザ・イヤー」に選んだインク誌の記事によれば、そのスローガンは口先だけのものではない。午後6時半までに、「スラックのオフィスはほぼ空っぽになっている」[注2]。記事によれば、「それはスラックのCEO、バターフィールドが望んでいることだ」。

スラックの社員は家に帰ってから再びスラックにログインしているのでは？　そうではない。実のところ彼らは、退社後のスラックの使用を禁止されている。スラックのデベロッパー・リレーションズ部門の前ディレクター、アミール・シェバトによれば、同社の社員にとって、退社後につながりを断つのは常識となっている。「就業時間後や週末にダイレクトメッセージを送ると、礼儀知らずと見なされます」と彼は付け加えた。

スラックの企業文化は、今日、多くの組織に蔓延している
狂気的な「24時間対応サイクル」に屈しない職場環境の一例である。

意図をはっきりさせるために、スラックの文化は、そのスローガンのさらに先へと踏み込む。スラックの経営陣は社員の手本となるべく、率先して「接続を断つ時間」を持つようにしている。オープン・ビュー・ラボのインタビューを受けて[注3]、スラックの最高売上責任者兼最高マー

ケティング責任者であるビル・マカイティスはこう述べた。「仕事に集中できる時間が必要です（中略）そのために、私はスラックや電子メールをチェックしたり返事を書いたりする時間を決めて、それを終えてから仕事に入るようにしている」。マカイティスほど高位の人が、仕事が中断されないことを重視し、メールやスラックのための時間を確保しているという事実は、本書のパート2で取り上げた「集中するための時間をつくる」という原理の大切さを裏づけている。

シェバトもマカイティスと同じ考えだ。スラックでは、「いつでも接続を断つことができる」とシェバトは言う。彼は同僚と会っている時には、相手に気持ちを集中させるようにしている。「自分の時間を誰かと共有する時には、気持ちを相手に100パーセント集中させ、電話にも出ません。それは私にとって非常に重要なことだ」。現代の会合につきもののブザーやベルの音を排除することで、彼は本書のパート3で論じた「外部誘因にハックバックする」というアイデアを実践している。

またシェバトは、スラックの社員が、本書のパート4で論じたようなプリコミットメントを活用して、勤務時間外はオフラインの状態を保っていることを語った。スラックには「邪魔しないで（Do Not Disturb）」機能があり、ユーザーは、仕事に集中するとか、家族や友人と過ごすといった、本当にやりたいことをする時に、その機能をオンにする。シェバトによると、送るべきでない時間にメッセージを送ろうとしたら、「その機能にはじかれるはずです。就業時間が終われば自動的に『邪魔しないで』モードになるので、翌日、仕事に戻るまで、ダイレクトメッセージも届かなくなる」。

最も重要なこととして、スラックには社員が懸案について議論できる場がある。レスリー・パーロウがBCGで発見したように、社員が懸案事項を自ら打ち明けるようになるには、定期的に会合を開くことが欠かせない。自社の問題について検討する時間を設けている会社は、社員の心理的安全性を育み、社員が口に出しにくい漠然とした問題を知ることができる。

パート1で学んだように、注意散漫への対処は、心で起きていることを理解するところから始まる。心理的に緊張し、安心を渇望する社員は、どんな方法をとってでも安心を得ようとするだろう。スラックでは、会社の上層部に向けて問題提起する場を社員に保証することで、スタンスフェルドとキャンディが有害な職場環境で発見したような心理的緊張に、社員が縛られないようにしている。

しかし、どうすればスラックほどの大企業が、全社員の声に耳を傾けることができるのだろうか。ここで、スラックのテクノロジーが役に立つ。同社のグループ・チャット・ツールは、心理的安全性を育みながら迅速にコンセンサスを得るための定期的議論を容易にしている。それはどのように行われているのか。意外に思えるかもしれないが、シェバトは絵文字を高く評価する。

スラックには、あらゆることに関する通話路（チャンネル）がある、とシェバトは言う。「一緒にランチをとりたい人向けのチャンネルから、ペットの写真を共有したい人や、スター・ウォーズ・ファン向けのものまである」。これら個別のチャンネルは、電子メールや直接会っての会話にはそぐわないやり取りを請け負うだけでなく、フィードバックを送る安全な場も提供している。

スラックの数多くのチャンネルの中で、会社のリーダーたちが最も重視しているのは、フィードバック・チャンネルだ。そこでは最新の製品のリリースに関する意見だけでなく、会社をどう改善すべきかについての考えも共有される。「#slack-culture」や、経営陣が社員に「何でも尋ねてほしい」と呼びかける「#exec-ama」といった、専用のチャンネルもある。シェバトは、「社員はあらゆる提案を書き込むよう促され、実際そうしている」と明かす。自社製品への「不満」(beef)を吐き出すためのチャンネルもあり、「#beef-tweets」と名づけられている。「コメントは時として、きわめて辛辣になる。けれども大切なのは、それらが語られ、聞いてもらえることです」とシェバトは言う。

ここで、絵文字が役に立つ。「経営陣は、社員のフィードバッグを読んだことを、目の絵文字で知らせ、問題が処理されたか修正された場合は、チェックマークで応じる」とシェバトは説明する。スラックは社員に、彼らの声が上層部に届き、何らかの対策がとられていることを知らせる方法を見つけたのだ。

もちろん、あらゆる会社のすべての会話がグループチャットで行われるべきだと言うつもりはない。スラックにしても、チャットを使うだけでなく、社員が経営幹部に直接質問できる会議を定期的に開いている。形はどうあれ、意見が上層部に届き、対処する力のある人がそれを見ていることを知らせることで、社員は自分に発言権があることを自覚できる。意見が聞かれる場が、パーロウがBCGで推進したような小規模のグループミーティングであっても、スラックのグループ・チャット・チャンネルであっても、変わりはない。大切なのは、経営陣がそれらを知り、活用し、応答する手段があるということだ。それは、会社と社員の幸福にとってきわめて重要である。

特定の会社を手本にすることにはリスクが伴う。ジム・コリンズが、ベストセラーになった『ビジョナリー・カンパニー』で賞賛した企業の中には、その後長続きしなかった企業や、あまり成功しなかった企業もある。(注4) 確かに、スラックやBCGが理想的な職場というわけではない。私が話を聞いたスラックの社員の中には、高圧的なマネジャーからひどい仕打ちを受けたと言う人もいた。元社員の一人は、スラックについて、「懸命に心理的に安全な会社になろうとした。けれども、誰もが微妙なニュアンスをうまく操るスキルを持っていたわけではない」と語った。社員が解雇を恐れず安心して不満を語れるような会社を築くのは、並大抵のことではない。

とはいえ、今のところ、BCGとスラックの戦略はうまくいっているようだ。どちらの組織も社員と顧客に愛されている。企業評価サイト「グラスドア（Grassdoor.com)」では、BCGは過去9年間のうち8回、「最高の職場」のベストテンに入った。(注5)スラックは5点満点の匿名レビューで平均4・8を獲得し、社員の95パーセントが友人に同社を勧めると答え、99パーセントがCEOを好意的に評価している。(注6)

何よりも大事なのは、本書を書いている時点で、この2社は、将来の利益率や株主への配当に関係なく、社員に集中する自由を与えて、彼らの目標達成を助けることに関心を持ち、そのために努力していることだ。

この章のポイント Remember This

● スラックやBCGなどの社員を大切にする組織は、心理的安全性を育み、懸案についてオープンに議論できる場を提供している。そして最も重要なのは、それらの組織には、集中して仕事をすることの重要性を実証する指導者がいることだ。

PART 6

集中できる子どもの育て方
（誰もが心の栄養を必要とする）

第29章

便利な言い訳を避ける

スマホのように注意散漫の原因になるものが子どもたちに与える影響について、社会の恐れはピークに達している。「スマホは、ある世代を破壊するか?」[(注1)]とか、「10代のうつ病や自殺はスマホと関連があるという研究報告」[(注2)]といった見出しの記事は、皮肉にもオンライン上で急速に広まっている。

心理学者のジーン・トウェンジはそのような記事の中でこう述べている。「スマホ世代は、この数十年において最大のメンタルヘルスの危機に瀕していると言っても過言ではない。その原因の大半はスマホにある」[(注3)]

子どもたちの「テクノロジーによる注意散漫」にうんざりしている親の中には、そうした不吉な見出しに後押しされて、極端な手段に走る人もいる。ユーチューブを検索すると、親が子ども部屋に突入し、コンピューターやゲーム端末のプラグを引き抜き、デバイスをたたき壊す映像がいくつも見つかる。[(注4)]少なくとも親は、そうすれば子どもたちにわかってもらえると思っている。

確かに、親がいらいらするのは当然だ。私の娘が最初に覚えた言葉の一つは、「アイパッド・タイム（iPad の時間）！」だった。こちらがすぐに応じないと、娘はその言葉を繰り返し、次第に声は大きくなっていった。私と妻は血圧が上がり、忍耐力が試された。数年のうちに、娘とスクリーンの関係は進化したが、良い方向に、というわけでもなかった。くだらないアプリで遊んだり映像を見たりするのに、多くの時間を費やすようになったのである。

今、娘はさらに成長したが、デジタル時代に育つ子どもにつきものの新たな問題が、わが家でも浮上した。友人のファミリーと夕食をともにした時、子どもたちは互いと会話しようとせず、ひたすらスマホをタップしている、という気まずい状況に一度ならず陥ったのだ。

子どものデジタル機器を壊したくなる親の気持ちは理解できるが、そんなことをしても問題は解決しない。不穏な見出しやネガティブな情報があふれるこの状況では、多くの親が、現代の子どもにまつわる問題の原因はすべてテクノロジーにある、と考えるのも無理はない。しかし、本当にそうだろうか？　本書で見てきた職場の事例や私たち自身の生活と同じく、子どもの注意散漫にも隠れた原因があるのだ。

妻と私が娘を導いて、テクノロジーやその他の注意散漫のもとになるものとうまく付き合えるようにするには、まず、娘の行動を引き起こしている原因を突き止める必要があった。本書で学んできた通り、複雑な問題に対する単純な答えはしばしば間違っているのだが、親は子どもの好ましくない行動を、単純に何かのせいにしがちだ。

例えば、親の多くは、子どもが砂糖を摂取すると過剰に活発になると思っている。誕生日のパーティーで子どもがはしゃぎすぎるのは、「シュガー・ハイ」（糖分による興奮状態）のせいだ、と親たちは言う。私自身、何度かそう言い訳したことがある。だがそれは、「シュガー・ハイ」という概念に科学的根拠はないと知るまでのことだった。16の研究をメタ分析した結果、「砂糖は子どもの行動や認知力に影響しない」ことが明らかになっている。[注5]

興味深いことに、シュガー・ハイは子どもに関しては俗説にすぎなかったが、親には実際に影響を及ぼす。ある研究では、息子が砂糖を摂取したと聞かされた母親は、子どもの行動を活発すぎると評価することがわかった。実際には、子どもが摂取したのはプラシーボ（偽の砂糖）だった。複数の母親の幼い息子に対する態度を録画したビデオ映像から、母親は、わが子が砂糖で「ハイ」になっていると思っている時には、子どものあとを追い、あら探しをする傾向が強いことが明らかになった。この場合も、実際には子どもは何も食べていなかった。

もう一つ、子どもの態度に関して親が使いがちな古典的な言い訳は、ティーンエイジャーは反抗的だ、という「常識」である。ティーンエイジャーが親に向かってひどい態度をとるのは、過剰なホルモンと未発達な脳のせいだ、と誰もが思っている。これも間違いだ。

多くの社会、特に、先進国以外の社会では、ティーンエイジャーは反抗的な態度はとらず、むしろ「ほとんどの時間を大人とともに過ごす」ことが研究によって明らかになった。[注6] ロバート・エプスタインは、「ティーンの脳に関する俗説」と題した論文で、「有史時代の大半を通じて、人が大人になるまでの過程で10代は比較的平和な時期だった、と多くの歴史家が記している」と述べている。[注7] どうやら、ティーンエイジャーの脳は十分発達しており、未発達なのは私たち大人の脳だったらしい。

イノベーションと新しいテクノロジーもしばしば非難の対象になる。1474年、ベネチアの修道士で写本筆写者のフィリッポ・ディ・ストラタは、当時の最新テクノロジーだった印刷機を「売女」と罵った。ある医療雑誌は1883年に、自殺と殺人が増えた原因は「教育の流行」にあるとし、「教育のせいで精神異常が増えている」、教育は「子どもの脳と神経系を疲弊させる」と主張した。[注8] 1936年発行の音楽雑誌グラモフォンには、「子どもたちは退屈な宿題と、(ラジオの)うるさいスピーカーのせいで注意散漫になっている」とある。[注9]

こうした進歩に怯えた人がいたことは信じがたいが、テクノロジーの飛躍的発展は、しばしばモラル・パニックを引き起こす。「どの時代でも、若者の行動がかつてない『危機』に瀕しているという説が熱心に信じられてきた」と、オックスフォードの歴史学者アビゲイル・ウィルズは、BBCのオンライン歴史雑誌の記事に書いた。「私たちが特別なのではない。先祖たちも同様の恐れを抱いていた」[注10]

現代の子どもの望ましくない行動に関して言えば、デバイスに原因があるという便利な俗説は、シュガー・ハイや、ティーンの脳が未発達である説、印刷された本やラジオなどのテクノロジーに非があるとした説と同様に疑わしい。

テクノロジーが有害かどうかの議論は、心配性の人が主張するような単純なものではない、と多くの専門家が考えている。

子どもたちのメンタルヘルスはこの数十年で最大の危機に瀕しているとする論文への反論として、サラ・ローズ・キャバナーは、サイコロジー・トゥデイ誌にこう書いた。「論文の著者は、いいとこ取りをした。つまり、自分の考えを裏づける研究だけを再調査し、デバイスの使用は、うつや孤独などとは関係ないとする研究を無視している[注11]」

いいとこ取りをしなかった研究の一つは、クリストファー・ファーガソンが行ったもので、サイキアトリック・クオータリー誌に掲載された。それによると、画面を見ている時間（スクリーン・タイム）とうつとの関係は、無視できるほどのものだった。ファーガソンはサイエンス・デイリー誌に掲載された論文に、こう書いている。「スクリーン・タイムについて親と話し合う時は『何事もほどほどに』という言葉が最も生産的かもしれないが、私たちの研究結果は、スクリーン・タイムを制限すれば若者の問題行動を防げる、という見方を支持しない」。デジタルの世界でも、「悪魔は細部に宿る」ものだ（思いがけないところに落とし穴がある、の意）[注12]。

スクリーン・タイムとうつとの関係についての研究をよく読むと、その二つに相関があるのは、極端に長い時間をオンラインに費やす場合に限られることがわかる。1日に5時間以上をオンラインに費やす10代の少女たちには、うつや自殺思考がより多く認められたが、常識から考えても、そこまで長い時間をオンラインに費やす子どもは、ほかにも生活上の問題を抱えている可能性が高い。どんな媒体でも、1日に5時間も費やしているとしたら、その背景には、より大きな問題が存在するはずだ。

同じ研究から、オンラインに費やす時間が1日2時間以下の子どもは、ランダムに選びだした対照群の子どもに比べて、特にうつや不安になりやすいわけではないことがわかった。オックスフォード大学インターネット研究所のアンドルー・プシビルスキが行った研究では、実際のところ、スクリーン・タイムがゼロではなく適量である時に、精神の健康度は高かった。(注13)「スクリーン・タイムが例外的に多くても、影響はきわめて小さい」とプシビルスキは言う。(注14)「朝食を抜いたり、8時間未満しか眠らなかったりするのに比べて、悪影響の度合いはおよそ三分の一だった」

子どもが好ましくない行動をとると、親は絶望気味にこう問いかける。「なぜ、うちの子はこんな行動をとるのか？」。そして、往々にして単純な答えにしがみつくのは、それらが、信じたくなるような物語を与えてくれるからだ。つまり、子どもが奇妙な行動をとるのは、親にはコントロールできない何かのせいであって、子どもが悪いのではなく、親が悪いわけでもない、と信じたいからだ。

もちろん、テクノロジーは一役買っている。スマホのアプリやゲームは、砂糖がおいしく感じられるのと同様に、人を夢中にさせるようにデザインされている。しかし、デバイスを非難するのは、子どもの好ましくない行動を「シュガー・ハイ」のせいにするのと同じで、深い問題に対する表面的な答えにすぎない。単純な答えに逃げることで、子どもの行動の背景に潜む真実に切り込むのを避けているのだ。マスコミで流布されるつくり話にとらわれず、その問題を見据えて、根本的な原因を理解しようとしなければ、解決は望めない。

親は、子どもの注意散漫をテクノロジーのせいにすべきではない。

子どもにとって集中の仕方を学ぶことは、将来どのような人生を歩むにしても、また、どのような注意散漫を経験することになっても、助けになる。子どもには自らの選択に責任を持てる人間になってほしいと思うのであれば、親は子どもたちのためにも、自分のためにも、安易な言い訳をやめなければならない。次章以降では、子どもたちをデバイスの過剰使用へと駆り立てる心理を理解し、彼らに注意散漫を克服させる方法を学んでいこう。

この章のポイント Remember This

- 筋違いの批判はやめよう。親が望まない行動を子どもがとると、親は、責任を転嫁できる答えを探しがちだ。
- テクノ・パニックは今に始まったことではない。歴史を振り返ると、本からラジオ、テレビゲームに至るまで、新たなテクノロジーが子どもに奇妙な行動をとらせていると親が思い込んで、パニックになった例は多い。
- テクノロジーは悪ではない。正しい方法で適量を使用すれば、子どもにとって有益だ。しかし、多すぎ（あるいは少なすぎ）は、有害な影響を及ぼすことがある。
- 子どもに集中する方法を教えよう。気を散らすものへの対処法を伝授しておくと、子どもの生涯を通じて役に立つ。

第30章

内部誘因を理解する

リチャード・ライアンとエドワード・デシは、動機づけに関する論文に最も多く引用されている研究者である。彼らの「自己決定理論」は、幸福感のよりどころとみなされ、彼らが研究を始めた1970年代以来、無数の研究がその結論を裏づけている。[注1]

人間の身体が適切に活動するには、三大栄養素（タンパク質、炭水化物、脂肪）が必要とされるように、人間の精神が健全であるには、三つの養分が必要だ、とライアンとデシは主張した。その三つとは、自律性、有能感、関係性である。身体が飢えると、空腹で胃が痛くなる。精神の栄養が不足すると、不安、落ち着きのなさ、喪失感などが生じる。

子どもの場合、この精神的栄養が不足すると、スクリーンの前で過剰に長い時間を過ごすというような、不健康な行動が増える可能性がある、と自己決定理論は説明する。ライアンは、原因はデバイスにあるわけではなく、精神的栄養が不足しているせいで注意散漫になりやすい子どもがいる、と考えている。

自律性、有能感、関係性が十分でない時、子どもは精神的栄養を求めて注意散漫になる。

レッスン1

子どもは自律性、すなわち自分の選択を自分で決める自由と意思を必要とする

カリフォルニア大学サンタクルーズ校の教授であるマリセラ・コレア-チャヴェズとバーバラ・ロゴフは、ある実験をした。二人の子どもを部屋に入らせ、一人は大人からおもちゃの組み立て方を教わり、もう一人はただ座っているだけ。[注2]目的は、待っているほうの子ども（観察者）の行動を観察することだ。アメリカで行った実験では、観察者のほとんどは、予想通りの行動をとった。つまり、自分の席でもぞもぞと身体を動かしたり、床をじっと見ていたりして、概して無関心な様子だった。ある短気な少年にいたっては、おもちゃを爆弾に見立て、それが爆発して自分が吹き飛ばされたかのように両手を上げて大声を出した。対照的に、グアテマラで同じ実験に参加したマヤ族の「観察者」は、あてがわれた椅子におとなしく座って、もう一人の子どもが学んでいることに気持ちを集中させていた。

その研究から、総じてアメリカ人の子どもはマヤ族の子どもの半分の時間しか集中できない

ことがわかった。さらに興味をそそられる発見は、正規の教育をあまり受けていないマヤ族の子どものほうが、「西洋式の学校教育を受けているマヤ族の子どもより、集中が長く続いた」ことだ。つまり、学校教育を受けていない子どものほうが、より集中していたのだ。どうしてこんな結果が出たのだろうか。

心理学者のスザンヌ・ガスキンスは、数十年にわたってマヤ族の村人たちを研究してきた。彼女がナショナル・パブリック・ラジオ（米公共ラジオ局）の番組で語ったところによると、マヤ族の親は子どもに、驚くほどの自由を与えているそうだ。「母親が目標を設定し、報酬を示してその達成を促すのではなく、子どもが目標を設定し、親はできる範囲でサポートする」とガスキンスは言う。「（マヤ族の親は）子どもは自分が何を望んでいるかをよく知っていて、子どもがそれを望んだ場合にのみ目標は達成できると確信している(注3)」

一方、アメリカなどの先進国の公的教育の大半は、子どもに選択の自由をほとんど与えていない。ロゴフによれば、「常に大人の管理下にあって、子どもは自分の注意力をコントロールするのを諦めている(注4)」。別の言い方をすれば、子どもは自らの注意力のコントロールを失った状態にあり、その結果、ひどく注意散漫になっている可能性がある。

ライアンの研究は、実際にどこで子どもの注意力が失われるかを明らかにした。「小学校の家庭的な教室を離れて、中学校の警察国家的な教室へ通うようになると、そこではベルが鳴り、居残り授業や懲罰がある。子どもたちは、ここは本来やる気を起こさせる環境ではないことを悟る」と彼は言う。[注5] サイエンティフィック・アメリカン誌に掲載された「10代の脳にまつわる神話」を書いた研究者のロバート・エプスタインも、同様の結論を出している。「私が行った調査では、合衆国の10代が受ける制約は、一般的な大人より10倍多く、現役のアメリカ海兵隊の2倍、収監された重罪人の2倍も多い[注6]」

アメリカの学生のすべてが、そのように制約の多い環境にいるわけではないが、非常に多くの学生が教室でやる気を保てなくなっている理由は明らかだ。自らの関心を探究するための自律性が、そこでは得られないからだ。「学校という環境では、学生たちはさまざまな形で支配されているので、自らの主体性と自律性を感じられる環境に引かれていくのも無理はない」と、ライアンは言う。「私たちは（テクノロジーの使用を）一種の悪と見なしているが、本当の悪は、テクノロジーという代替品に引力を授けた、現在の教育環境である[注7]」

現実の世界と違って、オンラインの世界では、子どもは限りなく自由だ。彼らは問題を解決するために創造的な戦略を立てたり実験を行ったりする自律性を持っている。「インターネット空間には、無数の選択肢と機会があり、大人の支配や監視はずいぶん少ない」とライアンは言う。「このような自由、有能感、オンラインとのつながりは、ティーンエイジャーの環境が過度に支配的で制約が多い時や、刺激が少ない時に、とりわけ強く実感される」

皮肉なことに、子どもが長い時間をオンラインに費やしていることを心配する親は、さらに多くのルールで子どもを縛ろうとする。だが、その戦略は往々にして逆効果だ。ライアンは、子どもの自律性を制限するのではなく、彼らをデジタル世界へと駆り立てる潜在的欲求と内部誘因の理解に努めることを勧める。「子どものインターネット使用やスクリーン・タイムに関して、親が子どもの自律性を重んじる形で対処すると、子どもは自己管理ができるようになり、画面の前で過剰に長い時間を過ごしにくくなることがわかった」と彼は言う。

レッスン2

子どもは有能感、すなわち熟練、進歩、達成、成長を強く求めている

あなたが得意とすることについて考えてみよう。ステージでのプレゼン、おいしい食事をつくる、狭い場所への縦列駐車――。有能感は心地よく、その心地よさは、有能感が進歩するほどに増していく。

だが、残念なことに、現代の子どもたちが教室で有能感を味わうことはほとんどない。ライアンは、「多くの子どもたちは、『きみは学校でやることがうまくできていない』というメッセージを受け取っている」と警告する。彼はその問題の一部として、標準テストの増加を挙げる。「それは、教室における授業活動を破壊し、非常に多くの子どもの自尊心を傷つけ、彼らの学びとやる気をそいでいる」

「子どもは実に多様で、発達の速度もさまざまだ」とライアンは言う。しかし、標準テストはその違いにはおかまいなしにつくられている。子どもは、学校でうまくやれず、そのうえ、必

要とする支援も受けられないと、有能になるのは無理だと思うようになり努力をやめる。教室で有能感を味わえない子どもは、成長と進歩の感覚を経験するために、他のはけ口に目を向ける。ゲームやアプリなど、気晴らしになるものをつくっている企業は、このような「精神的栄養」に飢えている子どもに、出来合いの解決策を売って、心の隙間を満たそうとする。

ハイテク企業は、多くのユーザーが、ゲームでのレベルアップや、フォロワーや「いいね！」の増加を楽しんでいることを熟知している。それらは、達成感を手っ取り早く味わわせてくれる。ライアンは、「学校でやっていることに楽しさや価値や進歩の可能性を見いだせない子どもが、家で、有能感を得られる活動に目を向けるのは、当然のことだ」と言う。

レッスン3 子どもは関係性、すなわち、自分は他者にとって重要で、他者は自分にとって重要と感じられる関係を切望している

仲間と過ごすことは、成長するために欠かせない。子どもは友だちとの遊びを通して、社会的スキルを発達させていく。しかし今日のティーンは、社会との関わりをバーチャル環境で経験することが増えている。それは、実世界での交流がしにくかったり、禁止されたりしているからだ。

遊びの本質は急速に変化している。私たち親世代は、公園で友だちとバスケットをしたり、週末にショッピングモールをぶらついたり、友人を探して近所を歩き回ったり、といったこと

をよくしたものだ。だが悲しいことに、そのような自然発生的な交流は、最近ではあまり起きなくなった。

アメリカにおける遊びの衰退を研究しているピーター・グレイは、アメリカン・ジャーナル・オブ・プレイ誌にこう記している。「屋外で子どもの集団を見つけることは難しく、もし見つけても、ユニフォームを着てコーチの指示に従っていることが多い[注8]」

前の世代がただ放課後を遊んで過ごすことで密接な社会的つながりを形成できたのに対し、親を調査対象としたアトランティック誌の記事によると、現在では多くの子どもが、「子どもを狙う犯罪者、交通事故、いじめ」を理由に、屋外での遊びを親から制限されている[注9]。統計的に見れば、現代はアメリカ史上最も安全な時代なのだが[注10]、不幸なことに、これは負のスパイラルをもたらした。多くの子どもは選択の余地なく屋内にとどまり、決められたプログラムに参加し、あるいは、友人を見つけ、関わりを持つためにテクノロジーに頼る。

多くの場合、デジタル環境での他者とのつながりはプラスになる。学校でいじめられている子どもは、オンラインの友人に助けを求めることができる。また、性的欲求に悩むティーンエイジャーは、自分のことを知らない人に匿名で相談することができる。学校では内気な子どもが、世界中のゲーム仲間の間ではヒーローになれるかもしれない。ライアンは言う。「学校で孤独だったり仲間外れにされていたりする子どもは、他者とのつながりや小集団への帰属感が得られるメディアに溺れる傾向が強いことをデータは示している。しかし、それにはプラスとマイナスの両面がある[注11]」

グレイによれば、直接会って遊べないことは大変な損失だ。なぜなら「対等な立場で他人との協調や協力を学ぶことは恐らく、人間の社会的遊びの最も重要な進化機能である」からだ。彼は「現代における社会的孤立と孤独の増加は、結果でも原因でもある」と見なす。複数の研究がスクリーン・タイムの増加とうつの増加を関連づけるよりはるか以前に、グレイはより大きな潮流に気づいていた。それは60年以上前から始まっていた。

1955年頃から（中略）子どもたちの自由な遊びは衰退の一途をたどっている。原因の一部は、大人が子どもの活動を支配するようになってきたことにある。私たちは、子どもを危険から守り、教育するためには、彼らから最も幸せに過ごせるはずの活動を奪い、多かれ少なかれ大人から絶えず指示される環境、不安とうつを生み出すためにつくられたような環境に、彼らを長時間拘束しなければならない、という結論に至った[注12]。

子どもを取り巻く現代の生活状況において、多くの子どもは自律性、有能感、関係性という重要な三つの精神的栄養を十分に得られていない、とライアンは考えている。驚くには当たらないが、子どもたちはその代用になるものをオンラインの世界に探し求める。「私たちはこれを『欲求強度仮説』と呼んでいる」とライアンは言う[注13]。「実生活で欲求が満たされないほど、

バーチャル・リアリティでその欲求を満たすようになっていく」[注14]

研究を進めるうちに、ライアンは、「テクノロジーの過剰使用は一種の症状であり、生活の他の部分、例えば学校や家庭などで感じる空虚感の指標になる」と考えるようになった。人は、自律性、有能感、関係性の三つの欲求が満たされると、やる気が増し、パフォーマンスが向上し、より長く頑張り、優れた創造性を発揮できるようになる。

ライアンはテクノロジーの使用を制限することに反対しないが、そのような制限は、子どもと話し合いながらすべきであって、親が何でもわかっている気になって、強制してはならないと考えている。「重要なのは、単にスクリーン・タイムを減らすのではなく、なぜそうするべきなのかを子どもが理解することだ」と彼は言う。過剰なテクノロジー使用の代償について子どもとよく話し合い、より多く一緒に決めるほど、子どもはあなたの声に耳を傾けるようになっていくだろう。

まずは、パート1で学んだ「見方を変える戦略」を共有することから始めよう。最初に、あなた自身が注意散漫に対処するために行っていることを、子どもに伝える。自分の弱みを見せ、子どもの苦闘を理解し、同様の困難に直面していることを知らせることは、信頼を築くのに役立つ。前の章では良い上司が注意散漫を断ち切る手本になったことを見てきたが、それと同じく、親は集中するための手本を示さなければならない。

また、私たちは、現実世界で自律性、有能感、関係性を見いだす機会を子どもたちにどうやって与えるかを考えるべきだ。大人に管理される勉強や運動の活動を減らし、自由に遊べる時間を増やしてあげることは、子どもがオンライン以外でつながりを見つける助けになるだろう。

私たちは子どもの問題をすべて解決できるわけではないし、そうしようとすべきでもないが、子どもの精神的欲求のレンズを通して、彼らの苦闘を理解しようとすることはできる。何が彼らをテクノロジーの過剰使用へと駆り立てているのかを知ることは、子どもがつらい現実から逃避せず、精神的回復力を高めていくことを支援する第一歩になるだろう。

この章のポイント Remember This

- 内部誘因が行動を引き起こす。子どもの集中力を養うには、まず注意散漫の原因を理解しなければならない。
- 子どもには精神的栄養が必要だ。モチベーションに関する有力な説によると、幸福のためには、自律性、有能感、関係性の三つが欠かせない。
- 子どもは、ほかのことに注意を向けることで、現実の不満を忘れようとする。リアルの世界で精神的欲求が満たされないと、バーチャルな世界で満足を求めがちだ。
- 子どもは代替の満足を求める。親と養育者は子どもに、リアルの世界で自律性、有能感、関係性を味わえる機会を多く与えて、オンラインと現実の世界とのバランスをとれるよう手助けしよう
- 四つの側面（集中と注意散漫、内部誘因と外部誘因）から見た集中モデルは、子どもにとっても役に立つ。彼らに注意散漫に対処する方法を教えよう。一番大切なのは、あなた自身が集中のお手本になることだ。

第31章

集中するための時間を一緒につくろう

各地の学校でインターネット安全ワークショップを開いているサイバー・エデュケーション・コンサルタンツの創業者であるロリ・ゲッツは、子どもが注意散漫に対処するのを助ける段階では、むやみにテクノロジーを非難するのではなく、まず人との関わり方について子どもと語り合うことが大切だと考えている。ゲッツは10代の頃に自らその教訓を学んだ。

当時、ゲッツは初めて自分の電話（コード付きの自室用の電話）を手に入れた。途端に彼女はドアを閉め、その週末は家族と過ごそうとせず、部屋に引きこもって、友人との電話に夢中になって過ごした。翌週の月曜日、学校から戻ると、自室のドアが外されていた。「おまえのばかげた振る舞いは、電話のせいじゃない。おまえがドアを閉め、私たち家族を締め出したのだ」と父親は叱った。

ゲッツは父親の乱暴なやり方や口調を勧めるわけではないが、父親が電話ではなく、彼女の振る舞いを非難したことには効果があった。「周囲の人々をどう扱い、どう関わっているかに

ついて話しましょう」と彼女はアドバイスする。デバイスを非難するのとは対照的だ。[注1]

家族としての過ごし方について話し合う時に重要なのは、集中と注意散漫を定義することだ。ゲッツは最近の家族と過ごす休暇で、持論を試すことになった。6歳と11歳の娘たちが、サクラメントからトラッキーまで2時間のドライブの間、スマホで遊んでいてもいいか、と尋ねてきた。彼女は、娘たちには退屈しのぎになるし、自分は夫と静かな会話を楽しめると考えて同意した。その結果、長いドライブを楽に過ごすことができたが、休暇の後半、娘たちがスマホに向かう時間が少々長すぎることに彼女は気づいた。

テクノロジーの過剰使用という言葉が頭に浮かんだのは、ドライブから戻っても娘たちが相変わらずスクリーンに貼りついているのを見つけた時だった。娘二人は、家族で外出するための用意もしないで、ゲームに興じていた。しかしゲッツは、かっとなってデバイスの使用について厳格なルールを言い渡したりはしなかった。そうではなく、家族で話し合うべき時だ、と判断した。

その話し合いでは、家族の誰もが、充実した時間をともに過ごしたいと望んでいることを確認した。家族にとってそれは「集中」の時間だ。自分たちが時間をどう使いたいか、何をしたいか確認できれば、それ以外のことは家族の計画を妨げる「注意散漫」であることがはっきりする。一家は、「出かける準備が100パーセントできたあとなら、デバイスを使っていい」というルールを決めた。

ゲッツは、話し合いに子どもを巻き込むコツは、大人が何でもわかっているようなふりをしないことだと言う。「大事なのは、皆で話し合いながらそれを見つけていくこと」と彼女は言う。彼女は娘たちが自らの行動を観察し、コントロールできるようになることを願っている。そのために、「この行動は私のためになるだろうか？　こうすることを、私は誇らしいと思えるだろうか？」と自問し続けることを娘たちに求めた。「私が仕事で向き合ったティーンエイジャーの多くは、注意散漫になりたくないと言います。けれども、どうすれば、そうならずにいられるかがわからない」

子どもが自己制御を学ぶのを助けるには、まず集中するための時間のつくり方を教える必要がある。親子がお互いの価値観について定期的に話し合い、自分がやりたいと思うことをするための時間をどうすればつくれるかを教えよう。「子どもには時間がたっぷりある」と親は考えがちだが、子どもにも優先順位があることを忘れてはならない。

子どもの価値観に基づくスケジュールを一緒に立て、睡眠、健康習慣、運動、適切な栄養をとるための十分な時間を確保することは、子どもの健康と幸福に役立つ。一例を挙げれば、妻と私は、娘の就寝時間を厳密に決めてはいないが、成長期には十分な睡眠が必要であることを示す研究結果を、娘が見るように仕向けた。睡眠の重要性を理解した娘はまもなく、ウィークデーの夜9時以降にスマホやパソコンを見て過ごすのは健康を保つという自分の価値観に反する、と考えるようになった。そして、ご想像の通り、彼女は睡眠時間をタイムボクシングした。

時にはこの取り決めを破ることもあるが、睡眠時間をスケジュールに組み込むことで彼女は、価値観に沿う人生を送るために、自分を律し、コントロールするガイドラインを手に入れた。

次に目を向けるのは、子どもの生活における「仕事」の領域だ。典型的なアメリカの子どもにとって仕事とは、学校関連の義務と家庭での雑用を意味する。子どもの日中の時間割は、学校のスケジュールによって決まっているが、放課後をどう過ごすかについて、親子の意見は衝突しがちだ。

> 明確な計画がないと、多くの子どもは衝動的に動く。
> それには、デジタルがもたらす注意散漫も含まれる。

最近私は、10代の双子の男の子の母親である友人とコーヒーを飲んだ。彼女は息子たちが、最近『フォートナイト』というオンラインゲームにハマって、頭がおかしくなっている、と嘆いた。「あの子たち、やめられないのよ！」と彼女は言う。そのゲームには中毒性があり、息子たちはやみつきになっている、と彼女は考えていた。それをやめさせて、宿題をさせるために、毎晩、親子喧嘩になると言う。憤慨しながら、「どうすればいいと思う?」と私に尋ねた。

私のアドバイスは、いくつか突飛なアイデアを含んでいた。まず、息子たちと話し合う機会を持ち、良し悪しを判断せずに彼らの話に耳を傾けること。その際には次のような質問を投げかけてはどうかとアドバイスした。「学校の勉強に遅れずついていくことは、あなたの価値観と一致している？」「なぜ宿題をしなさいと言われるのか、わかる？」「宿題をしなかったら、どうなると思う？」「短期的には成績が悪くなり、長期的には専門性のない職業につくという結果に、あなたは満足できる？」

学校の勉強は彼らにとって大事だという合意がないまま、したくないことを無理強いすると、彼らを怒らせるだけだろう。

「でも、私がしつこく干渉しなければ、子どもたちは落ちこぼれる」と彼女は反対した。

「そうだろうか？」と私。「もし勉強する理由が、口うるさい母親から解放されたい、の一つだけだとしたら、大学へ行ったり仕事を始めたりして、きみの手の届かないところへ行った時に大変なことになる。むしろ、早めに落ちこぼれの気分を味わわせてあげておいたほうがいいよ」。ティーンエイジャーは、自分の時間をどう使うかを自分でちゃんと決められる、と私はアドバイスした。もしそれでテストで悪い点をとっても、それはそれでいい。無理強いは応急処置になるかもしれないが、根本的な治療にはならない。

続いて私が提案したのは、さまざまな活動、勉強、家族や友人と過ごすこと、『フォートナイト』で遊ぶことなどに、どれくらいの時間を使いたいかを、子どもに尋ねることだ。親が気に入らなくても、彼らの答えを尊重しなければならない。目標は、時間の使い方に注意を払わせ、重要な活動のための時間を、週単位のスケジュールに確保するよう仕向けることだ。重要なのは、（私たちのスケジュールと同じく）子どものスケジュールを毎週見直し、価値観に従って時間が使われているかどうかを確認することだ。

例えば、『フォートナイト』で遊ぶことは、あらかじめそれに割り当てた時間内であれば、問題はない。デジタル・デバイスのための時間を含む、タイムボクシングしたスケジュールによって、子どもは楽しい時間が待っていることを知る。私は彼女に、テクノロジーをめぐっての子どもとの会話のあり方を変えるようアドバイスした。つまり、彼女が「禁止！」と叫ぶのではなく、子どもたち自身が「今はまだだめ」と自制するように導くことが重要だ。

子どもたちに自分の時間を管理する権限を与えることは、素晴らしい贈り物だ。時々失敗したとしても、失敗は学習の一部である。

最後に、私は彼女に、子どもの日課には、友人や両親と遊ぶ時間を十分入れることをアドバイスした。彼女の息子たちは、『フォートナイト』を仲間と楽しんでいるので、リアルの世界で友人との遊びがなければ、オンラインでの遊びを続けるだろう。子どもが関係性の欲求をリアルの世界で満たすには、学校の外で友だちと一緒に過ごす時間が欠かせない。そこで芽生える友情は、コーチや教師、親からの指図やプレッシャーとは無縁であるべきだ。だが残念ながら、現代の子どもにとって、友だちと遊ぶ時間は予定しておかなければ得られないものになってしまった。

大人が公園でジョギングしたり、ガレージでジャムセッションをしたりするための時間を設けるのと同様に、子どもにも集まって気ままに過ごすための時間が必要だ。そのことに気づいている親は、同じ考えの親を探して、週単位のスケジュールに意識的に遊びの時間を設けることで、子どもに遊びの時間を取り戻させている。子どもの集中力や社交性を育てるうえで、自由な遊びがきわめて重要であることを、複数の調査研究が強く支持している。そうだとすれば、自由な遊びは子どもにとって、間違いなく最も重要な課外活動だ。(注2)

自由な遊びのための時間に加えて、親とともに過ごす時間をとることも必要だ。中でも、家族との食事をスケジュールに入れることは、恐らく親子にとって最も大切なことだろう。定期的に家族と食事をともにする子どもは、薬物使用、うつ、学校の問題、摂食障害の割合が低いことが、研究によって明らかになっている。(注3) しかし、現在の多くの家庭では、誰もが忙しいせいで、各々が一人で食事をすることが多い。1週間に一度だけでも、デバイスから離れて、家族で夕食をともにする時間を持つといいだろう。子どもが成長したら、「フィンガーフード・フライデー（金曜は指でつまんで簡単に食べられる料理の日）」といったメニューを掲げたり、一緒に料理をしたり、会話のテーマを決めたりして、家族の食事をいっそう楽しいものにしよう。

家族としての遊びは、食事の時間以外にもいろいろと考えられる。わが家では、毎週日曜日に3時間の「サンデー・ファンデー（日曜日のお楽しみ会）」を開き、家族が順番にその内容を計画することにしている。私の番が来ると、家族で公園に出かけて、散歩しながら会話を楽しんだりする。娘は決まってボードゲームをしようと言う。妻は、地元のファーマーズマーケットに行って、新しい食材を見つけて、試すことを提案する。何をするにしても、重要なのは、家族が互いとつながるための時間を定期的に設けておくことだ。

自分のスケジュールを調整することになるかもしれないが、家族の定例の行事を決める時には子どもたちを参加させ、交流を大切にしよう。自分自身でスケジュールを立てて、集中するすべを教えることは、私たちの価値観を子どもに伝えるのに役に立つだろう。

この章のポイント Remember This

- 集中することを教えよう。子どもの生活には気を散らす要因が多いので、集中する時間のつくり方を教えることが重要だ。
- 大人がスケジュールをタイムボクシングするように、子どもも自分にとって重要なことに使う時間のつくり方を学ぶことができる。前もって計画を立てていなければ、子どもは注意散漫になりやすい。
- 子どもが失敗しても問題はない。失敗から人は学ぶ。子どもが自分の価値観に合った時間を過ごせるように、スケジュールの立て方を教えよう。

第32章 子どもを外部誘因から守る

子どもの気を散らす内部誘因を理解し、タイムボクシングによってスケジュールを立てられるように導いたら、次は、子どもの生活における外部誘因を調べよう。

子どもの気を引こうとする好ましくない合図が激増していることを非難するのは簡単だ。スマホが鳴り、そばにテレビがあり、イヤホンから音楽が鳴り響く環境にあって、子どもが集中を保って何かをやり遂げる、というのは想像しにくい。多くの子ども（と多くの大人）は、あることから別のことへと気を散らしながら、日々を過ごしている。外部誘因に常に反応している子どもには、深く考えたり、何かに長く集中したりする経験がほとんどない。

2015年にピュー研究所が実施した、アメリカの若者とテクノロジーに関する調査によると、「10代の若者の95パーセントがスマホを持っているか、スマホにアクセスしている」(注1)。驚くことではないが、スマホを持つ子どもの親の72パーセントが、「スマホのせいで子どもの気が散る」ことを心配している。(注2)

いろいろな意味で、この状況を招いたのは親や保護者だ。子どもの気を散らせる機器の購入を許可し、その費用を出してあげたのは、今それを不快に思っている私たち自身である。本人のためにも家庭のためにもならない要求に、私たちは屈してきたのだ。

多くの親は、子どもが自身にダメージを及ぼしかねない機器を持つ準備ができているかどうかを考えることなく、「クラスの全員がスマホとインスタグラムのアカウントを持っている」という子どもからの抗議と要求に折れている。

親である私たちは、子どもが何かを「どうしても、絶対に欲しい」というのは、それを与える理由として十分でないことを忘れがちだ。

仮に、あなたの幼い子どもがプールサイドから、友だちがプールの中で楽しそうに遊ぶのを眺めているとしよう。子どもはプールに飛び込みたくてたまらないようだが、泳ぎ方を知っているかどうか、あなたにはわからない。そんな時、あなたはどうするだろうか。

私たちは、プールには危険がつきものだということをよく知っている。それでも、子どもがプールに入ることを永遠に禁止しようとはしない。子どもがそれなりの年齢に達したら、水泳を習わせる。しかし、子どもが水泳の基本を身につけたのちも、プールで安全に遊べるようになったと確信できるまで、子どもから目を離さないだろう。

実際、子どもがある程度成長するまで経験させたくないことは多い。ある種の本を読んだり、暴力的な映画を見たり、車を運転したり、アルコールを飲んだり、そしてもちろんデジタル・デバイスを使ったりすることには、始めるのにふさわしい時期がそれぞれあり、それは子どもが要求する時期ではない。世界を探検してリスクをうまく切り抜ける経験を積むのは、成長するために重要なことだが、スマホやそのほかのガジェットを、適切に利用できるようになる前に与えるのは、泳ぎ方を知らない子どもをプールに飛び込ませるようなものだ。

多くの親は、スマホを子どもに与える際には、「これでいつでも子どもと連絡をとれるようになる」という安心感を言い訳にするが、残念ながら大抵の場合、あとになって、その取引が時期尚早で甘すぎたことに気づく。ここで、プールのたとえが役に立つ。子どもが水泳を習う時には、プールの浅いところから始め、浮き輪やビート板を使って水に慣れていく。そして、泳げるようになったことを証明して、ようやく、自由に泳ぐことを許される。

子どもに携帯電話を持たせる際にも、フル機能のスマホをいきなり与えるのではなく、通話とテキストメッセージの送信しかできない機器から始めたほうが良いだろう。そのような携帯電話は25ドル以下で購入でき、子どもの気を散らすアプリはついてこない。[注3]もし、居場所の確認が目的なら、ギズモスマートウォッチのようなGPS対応の腕時計をつけさせておくと、親のスマホで、子どもの居場所を追跡できる。また、ギズモスマートウォッチはあらかじめ登録した電話番号としか通話できないようになっている。[注4]

子どもに何らかのデバイスを与えてよいかどうかの指標になるのは、
子どもがその機能を理解し、
外部誘因をはねのけて利用できる能力を身につけているかどうかである。

「おやすみモード」の使い方や、集中しなければならない時間帯に、通知を自動的にオフにする方法を知っているだろうか。家族と過ごす時や、友だちと遊ぶ時に、携帯電話を見えない場所にしまって、気にせずにいられるだろうか。そうでなければ、まだ準備は整っておらず、言うなれば、「水泳のレッスン」をもう少し受ける必要がある。

親は流行の最新テクノロジーにばかり注意を向けて、昔ながらのテクノロジーのことは忘れがちだが、それも問題だ。子ども部屋に、テレビやノートパソコン、その他、集中の邪魔になる外部誘因を置くことを正当化する理由はほとんどない。これらのスクリーン付きデバイスの誘惑は非常に強いので、共用スペースに置くべきだ。親の目が届かないところでは、子どもは見たいという欲求を抑えられないだろう。

また、子どもは十分な睡眠を必要とするが、ディスプレーのちらつく光や、ビープ音やブザー音はすべて睡眠の邪魔になる。*The Art of Screen Time*（スクリーン・タイム活用術）の著者、アーニャ・カメネッツは、子どもには十分な睡眠が不可欠であり、それを裏づける「決定的な証拠が揃っている」と書いている。[注5] 彼女は、「スクリーンと睡眠は共存しない」と忠告し、夜間にはすべてのデジタル・デバイスを子ども部屋から遠ざけ、遅くとも就寝の1時間前にはスクリーンを閉じるよう、親たちに強く訴える。

同様に大切なのは、子どもが宿題、家事の手伝い、食事、遊び、趣味といった、集中の持続が必要なタスクに取り組んでいる時に、不要な外部誘因を排除できるようサポートすることだ。仕事に集中したい部下の要望を上司が尊重すべきであるのと同様に、子どもが立てたスケジュールを親は尊重しなければならない。子どもがタイムボクシングした時間割通りに宿題をしているのであれば、親は当然ながらそれを邪魔してはならない。しかし、その同じルールは、友人との予定やビデオゲームをする時間にも適用される。子どもが事前に計画を立てたのであれば、親の役目は、その計画を尊重し、子どもに任せることだ。

重要な質問を思い出そう。「この外部誘因は私のためになっているか、それとも私が誘因のためになっているのか?」。時には、親である私たちが、子どもの注意散漫の原因になっていることもある。犬の鳴き声、玄関のチャイム、質問に答えなさいという父親の命令、野球チームの試合スケジュールについての母親の質問、兄弟からの遊びの誘い、そういったものはすべて子どもから、他のことをするはずだった時間を奪う可能性がある。ささいな中断のように思えるが、間の悪い介入は気を散らし、集中を妨げる。親は、不要な外部誘因を排除して、子どもが計画通りに時間を使えるよう支援しなければならない。

この章のポイント Remember This

- 子どもがプールに飛び込む前に、泳ぎ方を教えよう。水泳と同様に、準備が整わないうちに、テクノロジーの利用を許すのは危険だ。
- テクノロジーへの準備ができているかどうか調べよう。指標になるのは、デバイスの機能を使って外部誘因をオフにし、気を散らすものを排除できるかどうかである。
- 子どもは十分な睡眠を必要とする。子ども部屋にテレビなど夜通し注意散漫を招くものを置かない。子どもが良い休息をとるのを邪魔してはいけない。
- あなた自身が外部誘因にならないようにする。子どもの時間を尊重し、子どもが自ら予定を立てて、何かに集中している時には、それが勉強でも遊びでも、邪魔してはならない。

第33章

自分のルールをつくるように子どもを導く

5歳になった娘が、「アイパッドの時間」を強く要求してきた時、妻と私は、何らかの行動をとらなければならないと思った。互いに冷静になってから、私たちはリチャード・ライアンが推奨する方法で娘のニーズを満たすことにした。つまり、アイパッドを見る時間が長くなると、他のことが犠牲になることを、できるだけわかりやすく説明したのだ。

幼稚園児だった娘は、もう時計が読めたので、私たちは、楽しむために使える時間には限りがあることを説明することができた。アプリやビデオに長く時間を使うと、その分、公園で友だちと遊んだり、市民プールで泳いだり、ママやパパと一緒にいる時間が減るんだよ、と私は言い聞かせた。

また、アイパッドのアプリやビデオはとても賢い人たちがつくっていて、子どもが夢中になって見続けるようにつくられていることも説明した。ゲーム会社やSNS運営会社の思惑を子どもに理解させることが重要だ。これらの製品は楽しさやつながりをもたらすが、私たちの時間や関心から利益を得ている。こうしたことを5歳の子どもに教えるのは難しいと思うかもしれないが、私たちはそれを娘に教えて、彼女が自らアイパッドの使用に関してルールを定め、守れるようにしなければならない、と強く感じていた。

いつやめるかを決めるのは、娘の仕事だ。アプリメーカーも親も、「もう十分見た」とは教えてくれない。

次に私たちは娘に、1日にどのくらいの時間をアイパッドに使っていいと思っているかを尋ねた。娘にそれを決めさせるのは、リスキーではあったが、やってみる価値はあった。

正直言って私は、「1日中!」という答えが返ってくるのではないかと思っていたが、違った。娘は、見る時間を制限することの大切さと、決定権が自分に委ねられていることを理解し、おずおずと「2エピソード分」と答えた。ネットフリックスの子ども向け番組を2話、という意味だ。それにかかる時間は約45分だ。「1日に45分は、自分が画面を見る時間としてちょうどいいと思うかい?」と私は尋ねた。娘は同意してうなずいた。かすかに微笑んでいたので、満足しているようだった。

私も、それでいいと思った。45分なら、他の活動をする時間が十分残るからだ。「じゃあ、どうやって1日に45分以上観ないようにするの?」と私は尋ねた。娘は、自分に利があると思っている交渉でしくじりたくなかったらしく、自分がセットできるキッチンタイマーを使うことを提案した。「それはいいね」と私は同意した。「でも、もしきみがこの約束を守っていないことにママとパパが気づいたら、もう一度、こうやって話し合うことになるよ」と私は言い、娘は同意した。

これは、小さな子どもでも約束の意義を学べるという例だ。娘は10歳になったが、今も画面を見る時間を自分で管理している。成長するにつれて、娘は自分で決めたガイドラインに、いくつか調整を加えた。週末の夜に映画を観るために、ウィークデーの視聴時間を減らすというのも、その一つだ。また、キッチンタイマーの代わりに他のツールを使うようになった。今では、アレクサに呼びかけてタイマーを設定し、時間がきたら教えてもらうようにしている。重要なことは、これらはすべて、私たち親ではなく娘が決めたルールであり、その順守に関して娘が全責任を負っていることだ。私にとって何よりありがたいのは、制限時間になっても口うるさい親にならずにすむことだ。もう十分見たことを告げるのは、娘のデバイスだ。彼女はそうとは知らないまま、本書のパート4で説明したプリコミットメントを結んだのである。

多くの親は、子どもはどのくらいの時間、アイパッドやパソコンなどの画面を見ていていいのかを知りたがる。しかし、それについて決まった答えはない。その子のニーズ、オンラインで何をしているか、画面を見ることで犠牲になる活動は何かなど、いくつもの要素が関わってくるからだ。何より重要なのは、その時間を決める話し合いに子どもを参加させ、自らルールを設定するよう導くことだ。本人の気持ちを無視して親が制限を課すと、子どもは怒って嘘をつくようになる。

> 子どもは、自らの行動を自身で監視するように委ねられると、集中するために必要なスキルを身につける。
> そうなれば、親の監視は不要になる。

もっとも、これらの戦略は、親子間の平和を約束するものではない。実際、家庭や子どもの生活におけるテクノロジーの役割については、子どもと激しくやり合うこともあるだろう。土曜日の夜、車のキーを貸すかどうかについて、ティーンエイジャーの子どもと議論し合うのと同じだ。議論や意見の相違は、家庭が健全である証(あかし)だ。

このパート、あるいは本書全体から、覚えておくべき教訓の一つは、注意散漫は他のあらゆる問題と同じだということだ。大企業だろうと小さな家族だろうと、サポートされていると感じられる環境で率直に議論することができれば、この問題は解決する。

新たなテクノロジーが非常に魅惑的に設計されていることを、子どもに気づかせるのは大切だが、そうした誘惑に自分は負けない、という自信を持たせることも重要だ。時間を賢く使うことは、彼らの権利であると同時に彼らの責任でもある。

この章のポイント Remember This

- 約束してそれを守る子どもたちの能力を見くびってはいけない。幼い子どもでも、自分でルールを決めることができる。タイマーなど約束を守るためのツールの使い方を知っているのであれば、プリコミットメントを結び、遂行することができる。
- 消費者は懐疑的になるべきだ。動画やゲームで時間を費やさせるのが企業の狙いであることを子どもに理解させるのは、メディアリテラシーを教えるうえで重要だ。
- 子どもに責任を負わせよう。子どもは、自身の行動を監視するようになって初めて、自分の時間と関心を管理する方法を身につける。

PART 7

互いの集中を邪魔しない関係を築く

第34章

友人の間で社会的抗体を拡散する

友人たちといる時も、私たちは他とのつながりが絶たれているわけではない。そこにはほぼ必ず電話が存在し、電話は予告なく友人との会話を中断させる。また、友人が話している最中に、スマホでメールをチェックした経験がない人はいるだろうか。多くの人は、そういう時代なのだから、とため息をつきながら、このような中断を受け入れている。

残念ながら、注意散漫は伝染する。喫煙者が集まると、誰かがタバコの箱を取り出したのが合図になって、他の人もタバコを吸い始める。同様にデジタル機器も、他の人の同じ行動を引き起こすことがある。食事中に一人がスマホを取り出すと、それが外部誘因になり、やがて他の人たちもそれぞれのスマホの画面に没頭する。そうなると会話はすっかり忘れられる。

心理学者はこの現象を「社会的伝染」と呼ぶ。それが薬物使用から過食までさまざまな行動に影響することを研究者たちは発見した。(注1) 例えば、奥さんがケール・サラダを買おうとしていても、夫と子どもが1ダースのフロスト・ドーナッツを買うことを主張したら、奥さんの体重管理はうまくいかないだろう。[注2] 同様に、家族や友人がデバイスの画面に釘づけなら、あなたのテクノロジーの使い方を変えるのは難しいだろう。

充実した時間をともに過ごしたいと思う相手の気を散らすものを、私たちはどうすれば管理できるだろうか。また、周囲の人々が気を散らすものへの姿勢を改めない場合、私たちは自らの姿勢をどのように変えればいいだろうか。

エッセイストで投資家のポール・グラハムは、社会には、有害な行動を防ぐ「社会的抗体」を生む傾向が見られる、と書いている。[注3] 喫煙率について考えてみよう。アメリカ疾病管理予防センター（CDC）によると、1965年にはアメリカの成人の42・4パーセントがタバコを吸っていたが、その数は2020年には12パーセントに減少すると予想される。[注4] 言うまでもなく、喫煙率の急激な低下には、法律が重要な役割を果たした。もっとも、法律は公共の場での喫煙を禁止したが、自宅での喫煙までは禁止しなかった。それでも喫煙習慣は変わった。

私が幼かった頃、両親はタバコを吸わなかったが、家のいたるところに灰皿が置かれていた。当時の人々は、屋内でも、子どもがいる場所でも、オフィスでも、好きなところでタバコを吸っていた。私の母は骸骨の手をかたどった灰皿を置いて、客人に喫煙をやめさせようとしたが、母にできる抵抗はそうやってタバコの害をあからさまに示すのがせいぜいだった。当時、客人に家の外で喫煙するよう頼むのは、失礼ではないとしても、変わっていると思われていた。だが、今はまったく違う。私は家に灰皿を置いたことはない。私の家で、タバコを吸っていいかと尋ねる客もいない。答えはわかっているからだ。もし誰かがわが家のリビングのソファーでタバコに火をつけたら、妻がどんな顔をするか。想像するだけで恐ろしい。その人は、しばらくはわが家にも友だちの輪にも入れてもらえなくなるだろう。

喫煙に関する常識は、わずか一世代でなぜこれほど劇的に変わったのだろうか。グラハムによると、私たちの体が有害なバクテリアやウイルスに反撃するのと同様に、人々は、わが身を守るために社会的抗体を身につけるという。社交の場での注意散漫を防ぐには、他の人と一緒にいる時にスマホをチェックするのはタブーだという新たな常識を育てる必要があるだろう。

常識は常に変わるが、良い方向に変わるかどうかは私たち次第だ。

ある不健康な行動が受け入れられないことを確実にするには、それらを非難し、社会的抗体によって、その拡散を防ぐしかない。この戦略は喫煙に対しては効果があった。恐らく、デジタル機器がもたらす注意散漫にも効果があるだろう。

夕食会で、誰かがスマホを取り出してタップし始めるという状況を想像してみよう。親しい人々が集まっている場でデジタル機器に時間を費やすのは失礼だということを、あなたはすでに知っているが、この新たな常識を身につけていない人が、少なくとも一人はいるものだ。あなたがその人との友好関係を保ちたいのであれば、他の人々の面前で恥ずかしい思いをさせるのは得策ではない。もっと細やかな戦略が必要だ。

事を穏やかに進めるための、簡単で効果的な方法は、ある率直な質問をすることだ。そうすれば、相手に二つの選択肢を与えながら、スマホへの没頭から目を覚まさせることができる。その選択肢とは、（1）スマホが知らせてきた緊急事態に対応するために席を外す、（2）穏やかにスマホをしまう、である。その質問はこんな感じだ。「連絡があったようですね。何か問題が起きたのですか？」

これを本心から尋ねるようにしよう。緊急事態が本当に起きている可能性もあるからだ。しかし、大抵の場合、相手はぼそぼそと言い訳しながら、スマホをポケットにしまいこみ、再びその場にいる人々との交流を楽しむようになる。あなたは勝ったのだ。あなたは「ファビング」に対抗する社会的抗体を巧みに広めることに成功した。ファビングとは、マッコーリー・ディクショナリー社が自社の辞書を宣伝するためにつくった言葉で、広告代理店マッキャンが繰り広げた「ストップ・ファビング」というキャンペーンによって、広く認知された[注5]。「フォン（電話）」と「スナビング（無視する）」から合成した造語「ファビング」は、「人々と過ごしている時に、スマホやモバイル機器に夢中になって、周囲にいる人や仲間を無視すること」を意味する。マッコーリー・ディクショナリーは、この問題について世間の関心を喚起するために、専門家を集めてその言葉をつくった。この単語が広まり、社交の場での注意散漫に対抗する強力な社会的抗体になるかどうかは、私たち次第だ。

スマホ、タブレット、ノートパソコンなどの最新のテクノロジーだけが、社交の場での注意散漫の原因ではない。

レストランの中には、複数のテレビが設置されていて、それぞれ異なるチャンネルのニュースやスポーツを放映しているところがある。それらは容易に会話の邪魔をする。人が集まる場でテレビがつけっぱなしになっていることを私たちは容認しているが、それらもモバイル機器と同様に、人々の関心を引きつけ、一緒にいる人との会話を邪魔する可能性が高い。

友人といる時の注意散漫のタネは、まったく別の形をとることもある。例えば、友人の子どもたちだ。最近私が参加したホームパーティーでは、親友の一人が仕事上の悩みについて話し始めた時に、彼の子どもがテーブルにやって来て、ジュースをねだった。たちまち話題は、その子の数々のおねだりのことに移った。

このような無邪気な中断でも、友情を深めるために欠かせない重要で繊細な会話を脱線させることがある。私たちは、その次のホームパーティーでは、食べ物から飲み物まで、子どもたちが必要とするものはすべて別の部屋に用意した。そして、誰かが怪我をした場合以外は大人を邪魔してはいけない、と子どもたちに言い聞かせた。

スマホでも、子どもでも、外部誘因をもたらすものについては、自分に役立っているかどうかを精査しなければならない。子どもにとって、親の邪魔をしないことは、自分で自分の世話をすることを学ぶ良い機会となる。また、親たちの付き合い方を見ることで、友人といる時には気持ちを友人に集中させるべきだということも学ぶはずだ。会話に集中できる時間と空間を意図的につくろうとしなければ、私たちは他者を深く知る機会も、他者に深く知ってもらう機会も失うだろう。

社会的抗体によってタバコを吸う人が減ったのと同様に、友人と一緒にいる時の注意散漫も減らすことができる。気を散らすものをどう扱うかについて友人や家族と話し合い、自分たちの役に立たない外部誘因を取り除けば、大切な人々といる時の注意散漫という社会に蔓延する伝染病をブロックできる。

この章のポイント Remember This

- 社交の場での注意散漫は、大切な人々と一緒に過ごす時間を奪う。中断は、親密な絆を築く能力を低下させる。
- 不健全な行動の拡大をブロックしよう。「社会的抗体」は、有害な行動をタブーにして排除する方法だ。
- 新たな社会規範をつくろう。私たちは、喫煙者を減らしたのと同様に、大切な人々といる時のデバイスの使用を認めないことで、社交の場での注意散漫を減らすことができる。友人が集まる場でのスマホの使用をやめさせるには、「何か問題が起きたの？」というような、婉曲な問いかけをしよう。

第35章

気を散らさないで深く愛する

毎晩、妻と私の行動は決まっていた。妻は娘の歯を磨き、パジャマに着替えさせて、ベッドに寝かしつける。そして私たちはベッドに潜り込むと、互いに見交わして、カップルがベッドに入った時にするべきことをする時間だと悟る。妻はスマホの画面を優しくなで、私はアイパッドの画面を優しく叩く。ああ、いい気持ち。

私たちは、ガジェットと恋に落ちていた。しかし、毎晩ベッドでフェイスブックを愛撫していたのは、私たちだけではなかった。ある調査によると、「アメリカ人の三人に一人は、1年間携帯電話を使えないよりも、1年間セックスをしないほうがましだ」と考えているそうだ。(注1)

私と妻が注意散漫にならない方法を身につけていない頃、スマホの通知音には抵抗しがたい魅力があった。例えば、夕食後に1通のメールに返信するだけのつもりが、その夜二人で過ごすはずだった親密な時間が45分も奪われた。私たちは夜遅くまでモバイルのチェックを続け、ベッドに入る頃には、疲れすぎて言葉を交わす気にもなれなかった。性生活はもとより、精神的なつながりも損なわれた。

ピュー研究所の調査によると、携帯電話を持っているアメリカの成人の65パーセントは、就寝時にベッドのそばに携帯電話を置いておくそうだ。私たち夫婦もそうしていた。（注2）習慣化した行動は、しばしば、近くにある物がきっかけになって起きる。そこで私と妻は、スマホを寝室からリビングルームに移すことにした。こうして外部誘因を排除したことで、私たちはテクノロジーへの浮気心を少々コントロールできるようになった。

けれども、スマホのない夜を2、3日過ごすと、私は不安からストレスを感じるようになった。私に気づいてほしいと訴えるありとあらゆるものが、心に浮かんできた。誰かが緊急のメールを送ってはいないだろうか？　私のブログへの最新のコメントはどんな内容か？　ツイッターに書かれた重要なことを見逃していないだろうか？　このストレスは原因がわかっていて、かつ、耐えがたかったので、私は悪い習慣を断つと約束した人がやりがちなことをした。ズルをしたのだ。

スマホを使うわけにはいかないので、その代わりになるパートナーが必要だった。そこでノートパソコンを持ってきて、キーボードを叩き始めると、不安とストレスは消えていった。私の行動を見ていた妻は、チャンス到来とばかりに自分もストレスを解消することにした。こうして私たちは再びスマホへと戻っていった。

スマホとともに数晩を過ごしたのち、私たちは失敗したことをしぶしぶ認めた。バツが悪かったが、なぜうまくいかなかったのだろうかと話し合ううちに、重要な段階を飛ばしたことに気づいた。スマホがないことで感じる不安を解消するすべを学んでいなかったのだ。そこで、今回は自分への思いやりを持って、望ましくない行動を引き起こす内部誘因を操作する方法を探すことにした。

そうして見つけたのが10分ルールだ。夜中にどうしてもデバイスを使いたくなった場合、10分待つことにしたのだ。このルールは私たちに、無分別な行動をとる前にいったん立ち止まって「衝動をサーフィンする時間」を与えた。

また、わが家のインターネットのルーターとモニターをホームセンターで買った7ドルのタイマーとつないで、毎晩10時に電源が切れるようにした。おかげで「ズル」をするには、無理な姿勢で机の後ろに手を伸ばし、スイッチを切り替えなければならなくなった。

要するに、私たちは本書で述べてきた方法を使って、寝室での注意散漫を解消していったのだ。まず、夜間にモバイルテクノロジーを使わないことで生じるストレスへの対処方法を学んだ。次に、寝室を神聖な空間と見なして、スマホやテレビなどの外部誘因を追い出し、ベッドタイムを確保した。さらには、安価なタイマーを使って、不要な注意散漫をオフにできるようにした。おかげで毎晩私たちは、プリコミットメントを順守しやすくなった。こうして自らの習慣をコントロールできるようになるにつれて、取り戻した時間をより「生産的」な目的のために使えるようになった。

私たちは、モバイルテクノロジーをブロックする自分たちの発明を誇りに思っていたが、現在、エーロ（Eero）などの多くのルーターには、インターネット遮断機能が組み込まれている。[注3] もし私が時間を忘れて10時以降にメールをチェックしようとすると、ルーターから「コンピューターから離れて、奥さんに寄り添いなさい」というメッセージが届く。

> 注意散漫は、最も親密な関係にも悪影響を及ぼし得る。世界中の人とつながることが可能になったが、その代償として、すぐ隣にいる大切な人とのつながりが希薄になる恐れがある。

今でも妻と私はスマホやその他のガジェットが大好きで、それらが私たちの生活を向上させることを確信している。しかし、テクノロジーの恩恵は受けたいが、テクノロジーのせいで夫婦の絆が蝕まれるのはごめんだ。内部誘因への対処法を学び、本当にやりたいことのために時間をつくり、有害な外部誘因を排除し、プリコミットメントを活用することにより、私たちはついに、夫婦の結びつきを邪魔していた注意散漫を克服することができた。

パート1で述べたように、「注意散漫にならないとは、やると言ったことを実行しようと努力することだ」。しかし、実行しようと努力するのは、「頑張る、あるいは、懸命に努力する」

という意味であって、[注4] 完璧に行うとか、失敗しないという意味ではない。私は今でも、時には注意散漫に悩まされている。特に、何かにストレスを感じている時や、思いがけずスケジュールが変わった時には、気が散りやすい。

今も注意散漫になることはあるが、どう対処すればいいかがわかっているので、たびたび気が散るようなことはなくなった。今の私は、他の人にも自分にも誠実になり、自分の価値観に従い、愛する人々に対する責任を果たせるようになった。そして仕事の面ではかつてないほど生産的になった。

最近、私はもう一度、娘とスーパーパワーについて話した。前回、自分が注意散漫だったことを詫び、あの時、どんなパワーが欲しいと言ったのか、教えてほしいと頼んだ。娘の答えに私は胸を打たれた。彼女は「いつも人々に優しくなれるようなパワーが欲しい」と言ったのだ。

私は涙をぬぐって、娘を強く抱きしめた。その後、娘の答えについてしばらく考えた。そして、人に優しくするのに、魔法の薬や神秘的なスーパーパワーなど必要ないことに気づいた。誰でも、人に優しくしたい時には、そうできる力を持っている。あとは自分の内にあるその力を活用するだけだ。

同じことは、気を散らさないことについても言える。さらには、注意散漫にならないことで、周囲の人々に模範を示すことができる。職場では集中するための戦術を活用すれば、社内だけでなく社外にも良い影響が及ぶだろう。家庭ではあなたの姿を見た家族がそれらの方法を試し、各自が思い描く生活を実現しようとするだろう。

自分が本当にやりたいことに没頭しよう。私たちは皆、注意散漫を避ける能力を持っている。

この章のポイント Remember This

- 注意散漫は最も親密な人間関係にとっても障害になり得る。デジタルの常時接続は、そばにいる人との心の通った交流を阻害する恐れがある。
- カップルが気を散らさないようになると、絆を深めるための時間を取り戻すことができる。本書で述べてきた気を散らさない方法を活用すれば、パートナーとの充実した時間を確保できるようになる。
- 気を散らすか、散らさないかは、あなた次第だ。

本書を楽しんでいただけたでしょうか？

本書を最後まで読まれたことを賞賛し、感謝申し上げます。この本で読まれたことを、ぜひ活用してください。

お時間があれば、オンラインで本書のレビューをいただけるとありがたいです。あなたのレビューに読まれた方が本書を読んでくださると、私はとてもうれしいです。

ぜひ次のサイトをご覧ください。

NirAndFar.com/ReviewIndistractable

また、ご質問やコメント、編集についてのご意見、フィードバックなどは、こちらに送ってください。

NirAndFar.com/Contact

心より感謝をこめて

ニール

序章

第1章　望み通りの人生を送るには、正しい行動をとるだけではだめで、悪い行動をやめることも重要だ。

第2章　集中は目標の達成を助け、注意散漫は、私たちを目標から遠ざける。注意散漫にならないとは、やると言ったことを実行しようと努力することだ。

パート1　内部誘因をコントロールする

第3章　すべての動機は、不快なことから逃れたいという欲求である。注意散漫の表面的な原因ではなく、根本的な原因に気づこう。

第4章　不快な感情を注意散漫によってごまかすのではなく、その扱い方を学ぼう。

第5章　衝動を抑え込むのではなく、衝動の原因に気づき、観察し、解消しよう。

第6章　内部誘因についての見方を変えよう。注意散漫になる前に現れる不快な感情を探し、書きだし、軽視するのではなく好奇心を持ってそれに注意を払おう。

第7章　仕事についての見方を変えよう。仕事に、途方もないほどの強い関心を向けることで、それを遊びに変え、仕事に目新しい要素（可変性）を探そう。

第8章　自分の性格についての見方を変えよう。自分に何を言うかが大切だ。意志力は、それがあると信じる場合にのみ効果を発揮できる。自分自身を「注意散漫になりやすい」とか、「依存性がある」などとラベル付けするのはやめよう。

パート2　集中するための時間をつくる

第9章　価値観を時間に変えよう。スケジュールのテンプレートをつくって、1日をタイムボクシング（時間割の設定）しよう。

第10章　自分の時間をタイムボクシングしよう。しっかり計画すれば、自ずと結果が出る。

第11章　大切な人間関係のための時間をスケジュールに組み込もう。愛する人のためには、時間を割くだけでなく、家事を分担しよう。友人との定期的な集まりをスケジュールに組み込もう。

第12章　仕事上の利害関係者とスケジュールを調和させよう。

パート3　外部誘因にハックバックする

第13章　それぞれの外部誘因について、こう自問しよう。「この外部誘因は私のためになっているか、それとも私が誘因のためになっているのか？」「それは集中と注意散漫のどちらにつながるだろうか？」

第14章　集中を守ろう。邪魔されたくない時には、それを周囲に知らせよう。

第15章　受信メールを減らすために、送信メールを減らそう。電子メールをチェックした時に返信が必要なメールにタグをつけ、メールへの返信に割り当てた時間に返事を書く。

第16章　グループチャットには、予定していた時間通りに出入りしよう。必要な人だけ参加させる。「声に出して考える」ために使うものではない。

第17章　会議を開くためのハードルを高くしよう。議題がなければ、会議を開かない。会議は、問題を解決するためと言うよりはむしろ、コンセンサスの形成のために開くべきだ。ノートパソコン1台を残して、すべてのデバイスを会議室の外に出す。

第18章 気晴らしのためのアプリは、スマホではなくパソコンで利用しよう。アプリを整理し、通知設定を調整し、着信拒否を活用する。

第19章 デスクトップの通知機能をオフにしよう。作業空間から気を散らす可能性のあるものを取り除く。

第20章 オンライン記事はPocketなどのアプリに保存し、事前に決めておいた時間に読もう。マルチチャンネル・マルチタスクを活用する。

第21章 ソーシャルメディアを利用する際には、ブラウザ拡張機能によって気を散らす外部誘因を取り除こう。NirAndFar.com/indistractable-resources/では、その他のツールを紹介している。

パート4 プリコミットメントで注意散漫を防ぐ

第22章 衝動を抑えるには先手を打たなければならない。気が散る可能性がある時には、事前に対抗措置をとろう。

第23章 努力契約を結んで、望ましくない行動を防ごう。

第24章 プライス契約を結んで、注意散漫が高くつくようにしよう。

第25章 アイデンティティー契約で好ましい自己イメージを確立して、注意散漫を防ごう。自分を「集中できる人」と呼ぶ。

パート5　職場を集中できる環境にする

第26章　常時待機の企業文化は、社員を追いつめる。

第27章　仕事でのテクノロジーの過剰使用は、機能不全に陥った社風の症状にすぎず、根本な原因は、「心理的安全性」が欠如していることだ。

第28章　集中して仕事をすることを重んじる社風を築くには、その問題についてオープンに議論できる場を設ける必要がある。

パート6　集中できる子どもの育て方（誰もが心の栄養を必要とする）

第29章　子どもが気を散らす根本的な原因を見つけよう。4段階の集中モデルを子どもに教えよう。

第30章　子どもたちの精神的要求を確実に満たそう。人は皆、自律性、有能感、関係性を必要とする。子どもは現実の世界で精神的要求を満たせないと、オンラインの世界で満たそうとする。

第31章　子どもに、スケジュールのタイムボクシングを教えよう。オンラインでの活動も含め、楽しい活動をするための時間をつくらせよう。

第32章 子どもと一緒に、不要な外部誘因を排除しよう。集中を妨げる外部誘因を子どもが排除できるようにする。親自身が外部誘因になってはいけない。

第33章 子どもに契約を結ばせ、注意散漫にならないよう自己管理する責任を自覚させよう。注意散漫は解決できる問題であり、気を散らさないようになることは、一生役立つスキルであることを教えよう。

パート7 互いの集中を邪魔しない関係を築く

第34章 友人が集まる場で誰かがスマホを使っていたら、「連絡があったようですね。何か問題が起きたのですか?」と尋ねよう。

第35章 寝室からデバイスを排除し、指定した時間が来たら、ネットとの接続が自動的に切れるようにしよう。

読書会のためのディスカッションガイド

数名の友人を招いて、本書のトピックについて話し合おう。生産性、習慣、価値観、テクノロジー、そして誘因についての会話は、活発で楽しいものとなり、より良い変化を導くだろう。

1 —— 本書を通じて著者ニールは、自分、人との交流、仕事という三つの領域の重要性について語っています。私たちは意図しないまま、一つの領域に多くの時間を費やし、他の領域を犠牲にしがちです。あなたはどの領域を最も改善したいですか？　その理由は何ですか？

2 —— 本書は型破りなアイデアに満ちています。その中に、思いがけない形であなたの考え方を変えたものはありますか？

3 —— あなたの集中を頻繁に邪魔するものについて考えてみましょう。最もよく経験する三つの内部誘因は何ですか？　同じく、最もよく経験する三つの外部誘因は何ですか？　内部誘因は内面から働きかけ、外部誘因は環境から働きかけることを覚えておきましょう。

4――楽しさと遊びが、退屈な仕事や単調な仕事の見方をいかに変えるかを、ニールは説明しました。あなたの日常生活や仕事の中で、特に魅力的ではないタスクについて考えてみましょう。どうすればそれらの見方を変えて、（あるいは、制約を追加して、）より面白くすることができるでしょう。

5――ニールは「お楽しみ用の瓶」をつくることで、幼い娘と積極的に関われるようになりました。あなたの「お楽しみ用の瓶」に必ず入る五つの活動は何でしょう。

6――ニールは「やることリスト」について二つの対照的な見方を述べ、「やることリスト」には欠点があり、役に立たないと見ています。この見解にあなたは賛成ですか？　反対ですか？　その理由は？

7――集中するには、自分の価値観に沿ったスケジュールを立てることが欠かせません。あなたの理想通りにタイムボクシングした1日を想像しましょう。時間をどう過ごしますか？　自分、人との交流、仕事のために、あなたはどのように「価値観を時間に変える」でしょうか？

8――価値観は最終目標ではありません。それらは行動のガイドラインです。三つの価値観（自分、人との交流、仕事）のうち、あなたにとって最も重要なのはどれですか？

9——現代の職場環境、特にオープンオフィスは、注意散漫の原因になっているることが、研究によって示されました。あなたもそうだと思いますか？

10——自宅で仕事をしている時も注意散漫は避けられません。グループチャットからスマートフォンまで、あらゆるものが気を散らします。どうすれば中断されずに仕事を進めることができるでしょうか？

11——本書の中で、アイデンティティーは固定していないことを学びました。習慣と同じく、アイデンティティーを変えて、より好ましい自己イメージを持つことは可能です。あなたが変えたいと長く願っていた習慣は何ですか？　自分を力づけて成功するために、どうすれば新たなアイデンティティーを得ることができるでしょうか？

12——ニールは、「制約は生活の枠組みを与えてくれるが、制約がないと何から手をつければいいかわからず呆然とする」と述べています。あなたの生活において、制約が好ましい枠組みを与えてくれることはありますか？

13——行動を変えることは難しく、往々にして失敗します。そのため失敗から立ち直る方法を学んでおく必要があります。あなたは過去の失敗からどのように立ち直りましたか？

14——インターネット（ソーシャルメディアを含む）は、コンテンツの渦になる恐れがあります。オンライン・コンテンツとの関係を改善するために、あなたはどのような習慣を身につけたいですか？

15——ニールは、オンラインでの注意散漫に対抗するための幅白い方法を皆さんに教えました（例えば、Forestのようなアプリを使ってフェイスブック・ニュースフィードを排除するなど）。効率を上げ、集中するために役立つ方法を知っていたら、教えてください。

16——精神が健全であるには、自律性、有能感、関係性という三つの心理的栄養素が必要だと、研究者は述べています。これら三つのうちで、あなたにとって最も重要なものとその理由は何ですか？　あなたにはどれが不足していますか？

17——技術の進歩（自動運転車、AI、バーチャル・リアリティ、ソーシャルメディアなど）は、恐怖とパニックを引き起こす可能性があります。なぜだと思いますか？

18——（例えば、ジムをさぼるとか、友だちとの連絡をおろそかにするなど）するつもりでいたのに、しばしば実行できないことは何ですか？　4段階の集中モデルに従って、言ったことを実行するために、あなたには何ができるでしょうか？

19 ―― 調査によると、アメリカ人の三分の一は、1年間携帯電話を使えないより、その間、セックスを諦めたほうがましだと答えています。あなたなら、1年間、どちらを諦めますか？　その理由は？

20 ―― あなたにとって、気の散らない生活とは、どのような生活でしょうか？

スケジュールのテンプレート

	月曜日	火曜日	水曜日	木曜日	金曜日	土曜日	日曜日
7:00 AM							
8:00 AM							
9:00 AM							
10:00 AM							
11:00 AM							
12:00 AM							
1:00 PM							
2:00 PM							
3:00 PM							
4:00 PM							
5:00 PM							
6:00 PM							
7:00 PM							
8:00 PM							
9:00 PM							
10:00 PM							
11:00 PM							

＊PDFファイルを下記の本書紹介ページからダウンロードできます。
（https://www.nikkeibp.co.jp/atclpubmkt/book/20/P88940/）

注意散漫追跡表のテンプレート

時間	注意散漫の内容	心理状態	内部誘因	外部誘因	計画に問題	改善アイデア
8:15	ニュースチェック	不安	×			衝動サーフィン
9:32	執筆を中断してグーグル	欲求不満	×			終了時間を設定し、順守する

＊PDFファイルを下記の本書紹介ページからダウンロードできます。
（https://www.nikkeibp.co.jp/atclpubmkt/book/20/P88940/）

謝辞

本書は完成までに5年の歳月がかかった。このプロジェクトに貢献してくださった多くの方々にお礼を申し上げる。

第一に、私のビジネスと人生のパートナーであるジュリー・リーに心から感謝する。彼女は当プロジェクトに計り知れない貢献をしてくれた。ジュリーは、私たちの結婚生活に関する親密な話題を本書で公開することを了承し、私が本書のためのアイデアや戦略を試すのを、労を惜しまず助け、本書をより良いものにしてくれた。本書が完成するまでの長い道のりを、私たちはずっと一緒に歩んで来た。

次に、娘のジャスミンに感謝したい。彼女は、気を散らさないことについてインスピレーションを授けてくれただけでなく、本書のネーミング、表紙デザイン、マーケティングに（10歳なりに）熱心に協力してくれた。

そしてもちろん、両親のロニットとビクター、妻の両親のアンとポールの励ましにも感謝している。私の酔狂な取り組みも、彼らは変わらぬ熱意をもって支援してくれた。

この本の早い段階の（そして非常に雑な）草稿を読んでくれた勇敢な人々に感謝する。エリック・バーカー、ケイトリン・バウアー、ガイア・バーンスタイン、ジョナサン・ボルデン、カーラ・カネラ、リンダ・シル、ジェラルディン・デルイター、カイル・エッシェンローダー、モニーク・エヤル、オメル・エヤル、ランド・フィッシュキン、ホセ・ハミルトン、ウェス・カオ、ジョシュ・カウフマン、キャリー・コラジャ、カール・マルチ、ジェイソン・オグル、ロス・オーバーライン、テイラー・ピアソン、ジリアン・リチャードソン、アレクサンドラ・サミュエル、オーレン・シャピラ、ヴィカス・シンハル、シェーン・スノー、チャールズ・ワング、そしてアンドリュー・ツィマーマン、ありがとう。初期の草稿を読むという大変しんどい作業をこなした上に、思慮に富むコメントや洞察をくださった皆さんには、いくら感謝してもしきれない。

最高の仕事をしてくれたクリスティ・フレッチャーと彼女のチームに感謝する。クリスティは素晴らしいエージェントだ。温かな助言と友情に心から感謝している。フレッチャー&カンパニーのメリッサ・チンチロ、グレイン・フォックス、サラ・フエンテス、ベロニカ・ゴールドスタイン、エリザベス・レズニック、アリッサ・テイラー、ありがとう。

また、この本の販売に尽力してくれたオーディブルのステイシー・クレーマーと、ベン・ベラ・チームのサラ・アビンジャー、ヘザー・バターフィールド、ジェニファー・キャンゾネリ、リーセ・エンゲル、ステファニー・ゴートン、アイーダ・エレラ、アリシャ・カニア、エイドリエン・ラング、モニカ・ローリー、ビー・トラン、スーザン・ヴェルテ、リア・ウィルソン、グレン・イェフェスに感謝している。

ブルームズベリーのアレクシス・キルシュバウムは、著者が編集者に期待し得ることをはるかに超える働きをし、本書をより良いものにしてくれた。彼女と同僚のハーマイオニー・デイビス、ティ・ディン、ジュヌビエーブ・ネルソン、アンディ・パーマー、ジェニスタ・テート・アレクサンダー、アンジェリーク・トラン・ヴァン・サンに、心からの感謝を伝えたい。

本書の調査・編集・精査に協力してくれた、カレン・ビーティ、マシュー・ガートランド、ジョナ・レラー、ジャンナ・マーリーズ・マロン、ミッカイラ・マズティネク、ポーレット・パーハック、チェルシー・ロバートソン、レイ・シルベスター、アンマリー・ウォードにお礼を申し上げる。

NirAndFar.com の運営を支援してくれたトーマス・ケンペルードとアンドリア・シューマンには、特に感謝を申し上げる。本書のグラフィックスについては、カルラ・クラッテンデン、ダモン・ノファーとブレット・レッドに感謝したい。また、数えきれないほどのプロジェクトを手伝ってくれたラファエル・アリザガ・ヴァカにも感謝している。この素晴らしい人々にはどれほど感謝してもしきれない。

そして、モラルと知識面で支援してくれた次の方々にもお礼を申し上げる。アリアナ・ハフィントンの当プロジェクトへの熱意に。マーク・マンソン、テイラー・ピアソン、スティーブ・カンブは、一緒に仕事をしてきた仲間であり、この本を書いている間、私が集中し続けるのを助けてくれた。アダム・ガザリーは、Indistractable.com のドメインを惜しみなく提供してくれた。そして、私と洞察を共有し、素晴らしいアドバイスを与えてくれた、ジェームス・クリア、ライアン・ホリデー、デビッド・カダビー、フェルナンダ・ヌート、シェーン・パリッシュ、キム・レイセス、グレッチェン・ルービン、ティム・アーバン、ヴァネッサ・ヴァン・エドワーズ、アレクサンドラ・ワトキンス、ライアン・ウィリアムズ。

恐らく、私は非常に重要な方々をここに紹介するのを忘れているはずだ。どうか「愚かさで説明できることに、悪意を見いだしてはいけない」というハンロンの剃刀の教えを思い出していただきたい。お詫びとともに感謝を申し上げる。

最後に、そして最も重要なこととして、読者の皆さんに感謝を申し上げたい。皆さんの貴重な時間と関心を本書に向けてくださったことは、私にとって比類ない喜びです。私がお役に立てることがあれば、NirAndFar.com/Contact にお気軽にご連絡ください。

本書の協力者たち Contributors

以下に名前を挙げる誠実なブログ購読者に、本書のクラウド編集に協力してくれたことを感謝する。本書の出版に当たり、彼らと彼女らの洞察力、提案、激励に大いに助けられた。

リード・アボット、シラ・エーベル、ザルマン・アブラハム、エブリン・ファン・アクオーイ、ダニエル・アディエミ、パトリック・アディアヘノ、サチン・アガーワル、アブニープ・アガワル、ビニート・アガワル、アビシェク・クマール・アグラハリ、ニートゥ・アグラワル、ソナリ・アグラワル、サイド・アフメト、マテウス・オーケソン、スティーブン・アコモラフェ、アレッサンドラ・アルバーノ、クリッシー・アラン、パトリシア・デ・アルメイダ、ハジト・アロン、ボス・アルバートス、エリカ・アマルフィターノ、マテウス・グンドラフ・アンブロス、ユリア・アンクディノバ、タルカン・アンラー、ローレン・アントノフ、ジェレミー・ワーレビッツ・アントノヴィッツ、カビタ・アパチュウ、ヤスミン・アリスティザバル、ラーラ・アッシュモア、アビー・アティロラ、ジャンヌ・アウディノ、ジェニファー・エアーズ、マルセロ・シェンク・デ・アザンブア、ザビエル・バールス、ディーピンダー・シン・ババール、ルパート・ベーコン、シャンパ・バグチ、ウォレン・ベイカー、テーマー・バーキン、ジャコモ・バルビエリ、スレンドラ・バーシャニ、アシャ・バシナ、オムリ・バウマー、ジェフ・ベックメン、ワリド・ベルバリ、ジョナサン・ベンヌン、ムナ・ベンサミ、ゲール・バージェロン、アビシェーク・バードワージ、クナル・バティア、マーク・ビエマー、オリア・ビルリア、ナンシー・ブラック、エデン・ブラックウェル、シャーロット・ブランク、ケリー・ブルム、レイチェル・ボドナー、スティーブン・ボーグ、ミア・ブルジョワ、チャーズ・ブリュワー、サム・ブリンソン、ジェシー・ブラウン、ミシェル・ブラウン、ライアン・ブラウン、サラ・E・ブラウン、ミッシェル・E・ブラウンシュタイン、ジョン・ブライアン、ルネ・ブキャナン、スコット・バンガード、スティーブ・バーネル、マイケル・バロウズ、テイマー・バートン、ジェシカ・キャメロン、ジェローム・キャンス、ジム・カンテルッチ、ライアン・カップル、サバンナ・カーリン、ジェームス・カーマン、カーラ・H・カーペンター、マルガリーダ・カルバーリョ、アンソニー・カタニーズ、シュバ・チャクラバルシィー、カーシー・チャンドラ、ジョセフ・チャン、ジェイ・チャップリン、デービッド・チャウ、ジャネット・Y・チェン、アリ・チェスケス、デニス・チルワ、クリスティーナ・ユー・ウェン・チョウ、イングリッド・チョイ=ハリス、ミッシェル・M・チュー、ウィリアム・チュー、ジェイ・チャン、マシュー・チネリ、セルジェ・ブラド・シウレスク、トレバー・クレイボーン、ケイ・クリスタル・クロップトン、ヘザー・クローワード、リリア・M・コバーン、ピップ・コーディ、ミシェル・ヘレネ・コーエン、ルイース・コリン、アビ・コリンズ、デイブ・クーパー、ケリー・クーパー、サイモン・コクソン、カーラ・クラッテンデン、ドミトリ・クークレスチン、パトリック・カレン、レオ・カニンガム、ジェンナロ・クオファーノ、エド・カットショウ、ラリー・チェルボンカ、ロイド・ダシルバ、ジョナサン・ダドーネ、シャロン・F・ダンツガー、カイル・ハフ・デービッド、ルル・ディビス、ジェームス・ディビス・ジュニア、ジョエル・ディビス、キャメロン・ディーマー、スティーブン・デレーニー、ケバル・D・デサイ、アンキット・S・ディングラ、マニュエル・ダイネーゼ、ジョージ・ディエゲス、リサ・ヘンドリー・ディロン、サム・ディックス、リンジィ・ドネア、イングリッド・エリーゼ・ドライ=レッカ、トム・ドロステ、ナン・デュエンネパ、スコット・ダンラップ、アキレシュ・レッディ・デュワラムプディ、スワプニール・デュウィベディ、ダニエル・エドマン、アンダース・エイダーガード、ドゥディ・エイネイ、マックス・エランダー、オリ・エリサー、ケイティ・エリオット、ゲーリー・エンゲル、デービッド・エンソール、エスター・エルデリー、オズゲ・エルゲン、ベック・エバンス、デービッド・エバンス、シャーリー・エバンス、ジェフ・エバーナム、キンバリー・ファンディーノ、キャスリン・ファレル、ハナ・ファロー、マイケル・ファーガソン、ニッサンカ・フェルナンド、マーガレット・フェロー、カイラ・フィルモア、エゴール・フィローノフ、ファビアン・フィッシャー、ジャイ・フリッカー、コリン・フロッタ、マイケル・フリン、カレイフ・フリン、ジオ・フォカラッチョ、イヴァン・ホング、マイケル・A・フォスターII、マーチン・フォスター、ジョナサン・フリードマン、ヘザー・フリードランド、ジャニーン・フスコ、プージャー・V・ガーイクワード、マリオ・アルベルト・ガリンド、メアリー・ガロッタ、ザンダー・ギャロウェイ、サンドラ・ガンノン、アンジェリカ・ガルシア、アニッサ・セビア・ガーザ、アレグラ・ジー、トム・ジルヘニー、ラジ・ジル、スコット・ガレスピー、スコット・ギリー、ウェンデル・ギンガリッチ、ケビン・グリン、ポーラ・ゴダール、イェロン・ゴッディジン、アンソニー・ゴールド、ダン・ゴールドマン、ミゲル・H・ゴンザレス、サンドラ・カタリーナ・ゴンザレス、ヴィジャイ・ゴパラクリシュナン、エルベ・ル・ゴーグエック、ニコラス・グラシッラ、チャーリー・グラハム、チモシー・L・グラハム、ショーン・グリーン、クリス・グリーン、ジェニファー・グリフィン、ダニ・グロドスキー、レベッカ・グロナー、サックスハム・グローバー、アルサイド・ギロリーIII、ロベルタ・ギーズ、アンジャナ・グマデバリ、マット・ガモウ、アミット・グプタ、ジョン・ハガティ、マーチン・ハイエク、ランス・ヘイリー、トマス・ハルグレン、エリック・ハミルトン、キャロライン・ヘイン=ウェイジマン、ニッキー・ハーバー=フランクアート、ジュリー・ハリス、ソフィー・ハート、ダニエル・ヘグマン、クリストファー・ハイザー、リサ・ヘルミニャク、アレシア・ヘルトン、マウリシオ・ヘス=フロレス、ホリー・ヘスター=ライリー、アンドレア・ヒル、ニーラジュ・ヒラニ、イザベラ・カタリーナ・ハート、シャーロット・ジェーン・ホー、イアン・ホック、トラビス・ホッジズ、ジェーソン・ホエニック、アレックス・J・ホルテ、アビ・ハフ、メアリー・ハウランド、エバン・ハギンズ、ネイサン・ハル、ノビアンタ・L・Tフタガラング、マーク・インゼルスタイン、バルン・アイヤー、ブリトニー・ジャクソン、マハービーラ・ジェイン、アブデラ・ジャニード、アン・ジャンザー、エミリオ・ジェルドレス、デビー・ジェンキンズ、アレクサンダー・チョン、エイミー・M・ジョーンズ、ダニエラ・ジョーンズ、ピーター・ジョタノビック、シンディー・ジョング、サラ・ジュークス、スティーブ・ユングマン、ロシェル・アン・ジュニオ、ケビン・ジャスト、アフサン・カビール、アリエル・カハン、シーナ・カヘン、サラ・カジャニ、アンジェラ・カプダン、シャヒーン・カロデア、アイリーン・ジェナ・カールティク、メリッサ・カウフマン、ガガンディープ・カー、ミーガン・キーン、J・ババーニ・キーホー、カレン・ケルビー、エリック・ケンパー、レイ・ケスレンスキー、ジェニー・ショー・ケスラー、ジェレミー・C・ケスター、カーク・ケテフィアン、ネイサン・ハクショウリ、サラ・ハーリド、サム・カーク、レイチェル・カートン、ビノド・キズハッケ、サミュエル・コッチ、アライナ・コーバー、サイ・プラブ・コンチャーダ、ジェイソン・コプロウスキー、バサバラジ・コチ、ヤニス・コータバス、デービッド・コジセク、アディティヤ・クシルサガー、エゼキエル・クアング、クレイグ・クリイク、ラム・クンダ、ラビ・クラニ、クリス・クルドジエル、ドミトリー・クシェレブスキー、ジョン・クバスニック、ジョナサン・レイ、マイケル・J・ラリー、ロイ・ランフィエ、クレイグ・ランカスター、ニクラス・ラニンジ、サイモン・ラプスチャー、アンジェロ・ラロッカ、ノーマン・ロー、オルガ・レフター、トーリー・レガット、イエバ・レカビシュッテ、オードリー・レオン、ビビアナ・レベギ、アイザック・E・H・ルイス、ベリー・リー、サミー・チェン・リー、フィリップ・リー、ロバート・リーバート、ブレンダン・リム、カリッサ・リンタオ、ロス・ロイド・リプシッツ、ミッチェル・リール、マイク・ショー・リウ、シェリー・アイゼン・リブネ、ジョン・ロフタス、フィリップ・K・ロール、シュネ・ロムホルト、ショーン・ロング、アレクシス・ロンギノッティ、グレン・リュベルト、アナ・ルガード、ケンダ・マクドナルド、ボーイキー・マッカイ、アンディー・マース、クリストフ・メイェンス、リサ・マルドナド、アミン・マリク、ダニエル・マネロ、フランク・マヌエ・ジュニア、ダン・マーク、ケンドラ・マークル、ベン・マーランド、ロブ・マロワ、ジュディ・マーシャル、レビ・マーテン、デニース・J・マーチン、ミーガン・マーチン、クリスチーナ・コーザイン・マルチネス、サジ・マルスルッカラ、ローラン・マスケルパ、マーク・マブルーディス、ロニー・マックス、イーバ・A・メイ、リサ・マコーマック、ゲーリー・マッキュー、マイケル・マギー、ロバート・マクガバン、ライル・マッキーニー、サラ・マッキー、マリサ・マッケントリー、エリック・ファン・メヘレン、ホダ・メヘル、ジョナサン・メルフイシュ、シータル・G・メルワニ、ケトリエル・J・メンディ、バレレー・マーキュリー、アンドレイア・メスクイタ、ジョアン・マイヤー、カウスタブ・S・マートレ、ステファニー・ミショー、アイボリー・ミラー、ジェイソン・ミン、アル・ミン、ジャン・ミオフスキー、アフメト・A・ミルザ、ピーター・ミッチェル、ミーカ・ミトコ、メリザ・ミトラ、スバルナ・ミトラ、アディティア・モラルカ、アミナ・モロー、デービッド・モーガン、ルネ・F・モリス、マシュー・モリソン、アレクサンドラ・モキシン、アレックス・モイ、ブライアン・マルドウニー、ナムラタ・マンドゥラ、ジェイク・マンシー、ミフネア・ムンテアーヌ、ケビン・C・マリー、セルダル・ムスル、カラン・ナーイク、イザベル・ディ・ナロ、イェロン・ナス、バイサーキー・ナーヤル、ジョーダン・ネイラー、クリスティーン・ネフ、ジェーミー・ネルソン、キーマー・ニューエル、ルイス・カンゲテ・グギ、チ・ジャ・グエン、クリストファー・ヘウ、ジェラード・ニールセン、アダム・ノール、ティム・ノエッツェル、ジェイソン・ノークス、クレイグ・ノーマン、クリス・ノベル、トマス・オダフィー、スコット・オークス、シェイリー・オチョア、レオン・オデイ=ナイト、ケレチ・オコリエ、オルワトビ・オラジラン、バラリー・オレイニーク、スー・オルセン、アラン・オルセン、グウェンドレン・オルトン、マーイケ・オノ=ブーツ、ブライアン・オスターガード、ローランド・オスバス、レンツィ・パチェコ、ニーナ・パシフィコ、スミット・パーワ、ギリ・M・パラニヤパン、ビシャール・クマー・パレラ、ロヒット・パント、クリス・V・パパディミトリウ、ニック・パペ、デビヤ・パレク、リッチ・パレット、アリシア・パーク、アーロン・パーカー、スティーブ・パーキンソン、ミズエ・パロット、ロミータ・パテル、マニッシュ・パテル、スワティー・パティル、ジョン・ピーダーソン、アロン・ペレド、ロッダン・ペラルタ=ラバン、マルコ・パールマン、クリスティーナ・ディーム・ファム、ハング・ファン、アナ・ピシェル、ケシャブ・ピタニ、ローズ・ラ・プレーリー、インディラ・パラナブジ、アン・クリ・プレイシグ、ジュリー・プライス、マーチン・プリチャード、ラングサン・プロムプラシス、クシシトフ・プシビルスキ、エドムンダス・プッコリウス、カリン・プパザ、デイジー・シン、リエン・コーク、コリン・ラーブ、ケリー・ラグル、ルタ・ラジュ、ラリト・ラジュ、キム・ラミレス、プラシャンティ・ラバナバラプ、グスタボ・ラゼッティ、オマル・レガラド、スコット・W・レンチャー、ブライアン・レンシング、ジョエル・リグラー、ジーナ・ライリー、ミシェル・ライリー、イオナ・リル、マーク・リムクス、シンジア・リネリ、ブリジッド・アン・ロバートソン、チェルシー・リン・ロバートソン、レイ・ロビタイユ、アネット・ロドリゲス、シンシア・ロドリゲス、チャールズ・フランソア・ロエルズ、リンダ・ロルフ、エドガー・ロマン、マチュー・ロマリー、ジェーミー・ローゼン、アル・ローゼンバーグ、ジョイ・ローゼンスタイン、クリスチャン・ロブ、ミーガン・ラウンズ、ルザンナ・ロズマン、イザベル・ラス、マーク・ルースマン、アレックス・ライアン、キンバリー・ライアン、サマンサ・ライアン、ジャン・サーマン、ガイ・サバン、ビクトリア・サカル、ルイス・サルダナ、ダニエル・タラゴ・サレング、ガブリエル・マイケル・サリム、ジェシカ・ソールズベリー、リック・サルサ、フランチェスコ・サナビオ、アントニオ・J・マルチネス・サンチェス、モーゼズ・サンゴビーイー、ジュリア・サクセナ、ステファニー・シラー、リンジー・シュナイダー、カーク・シューラー、キャサリン・シュエッツナー、ジョン・シートン、アディー・スハイリ・スラマト、ビシャール・シャー、ケシャブ・シャルマ、ルシル・シャルマ、シャシー・シャルマ、アシュリー・シェインウォールド、ステファニー・シャー、ジン・ハン・シャウ、クレア・シールズ、グレッグ・ショブ、カレン・シュー、コメ・シデソ、デービッド・マーク・シーゲル、ダン・シルバーバーグ、ビアンカ・シルバ、ブライアン・L・シルバ、ミンディ・シルバ、ザック・サイモン、レイモンド・シムズ、シブ・シバグル、マリン・シェストランド、アントワーヌ・スメッツ、サラ・ソーハ、スティーブン・ソホット、カイザ・ソイニネン、デービッド・スペンサー、ジェームズ・テーラー・ステーブルズ、カート・スタングル、ローレル・スタンリー、ジョン・A・スターマー、ジュリアノ・スタッドローバー、クリスチン・スタウボ、イーホリ・ステコ、ニック・ディ・ステファノ、マリー・スタインマン、アレクサンダー・ステンペル、セス・スタンバーグ、アンソニー・スターンズ、シェルビー・スチュアート、アダム・ストルツ、アラン・スタウト、カーメラ・ストリックレット、スコット・ストラウド、スウェサ・サレシュ、サラ・サーレット、キャスリーン・スワロー、ブライアン・サイクス、エリック・シュルツ、リラ・タガイ、ミシェル・タガミ、J・P・タナー、シャンタヌ・タレイ、クレア・タトロ、ハリー・E・タウィル、ノーリーン・テオ、C・J・テラル、アマンダ・テルシニ、マット・サープ、ネイ・テイン、ジュリアンヌ・ティルマン、エドウィン・ティン、アベゲイル・ティゾン、ザック・トミチ、ロジャー・トアー、アンダーズ・トックスボー、ジミー・トラン、トム・トレベス、アルテム・トロイノイ、ジャスティン・トラグマン、ケイシー・テュレッリ、クナル・ハレシュ・ウダニ、クリスチャン・フォン・ウッフェル、ジェーソン・ユーギー、マット・ウルリヒ、ブラニスラブ・バジャギッチ、ライオネル・ジバン・バルデロン、スティーブ・バリケット、ジャレド・バレーホ、ルネ・ファン・デル・ビアー、アヌレカ・ベンカトラム、プールニマ・ビジャヤシャンカー、クレア・ビスコビック、ブリジット・ブシック、トイ・ボン、ショーン・バクスマン、モーリジオ・ワーゲンハウス、アメリア・ブランド・ウォラー、シェリー・ウォルシュ、トリッシュ・ウォード、レビ・ワーベル、カフィ・ウォーターズ、アダム・ワックスマン、ジェニファー・ウェイ、ロビン・ティム・ワイス、パトリック・ウェルズ、ガブリエル・ワーリッヒ、スコット・ホイールライト、エド・ビツォレク、ウォード・ファン・デ・ウィール、ハンナ・メアリー・ウィリアムズ、ロバート・ウィリガー、ジーン・ガディ・ウィルソン、ロブ・ウィルソン、クレア・ウィンター、トレバー・ビット、ファニー・ウー、アレックス・ワイコフ、マリア・ゼニドウ、ラジ・ヤダブ、ジョゼフィーン・ヤップ、アルサラン・ヤーベイシ、ヨアブ・イエチアム、アンドルー・イー、ポール・アンソニー・ユー、モハマド・イズワン・ザカリア、ジーニー・ザパンタ、アンナ・ザレンバ、ルネ・ザウ、アリ・ゼルマナウ、リンダ・ゼスピー、フェイ・チェン、ロナ・チョウ、ロッテ・ツウィジネンバーグ

原注 notes

序章 「ハマる」から「集中力」へ

1. “Amazon Best Sellers: Best Sellers in Industrial Product Design,”(2017年10月29日にアクセス), www.amazon.com/gp/bestsellers/books/7921653011/ref=pd_zg_hrsr_b_1_6_last.
2. Paul Virilio, *Politics of the Very Worst* (New York: Semiotext(e), 1999), 89.

第1章 あなたのスーパーパワーとは?

1. Marthe Troly-Curtin の引用に出てくる冗談。“Time You Enjoy Wasting Is Not Wasted Time,” Quote Investigator,(2018年8月19日にアクセス), https://quoteinvestigator.com/2010/06/11/time-you-enjoy/.

第2章 集中を維持する

1. Euripides, *Orestes*, 4–13.
2. August Theodor Kaselowsky, *Tantalus and Sisyphus in Hades,* oil painting, ca. 1850, 1850年頃の油彩画。現在は破損。かつてはドイツ・ベルリンにある新博物館ニオビデンザールに所蔵されていた。https://commons.wikimedia.org/wiki/File:Tantalus-and-sisyphus-in-hades-august-theodor-kaselowsky.jpg.
3. Online Etymology Dictionary, s.v. “distraction,”(2018年1月15日にアクセス), www.etymonline.com/word/distraction.
4. Louis Anslow, “What Technology Are We Addicted to This Time?” *Timeline*, May 27, 2016, https://timeline.com/what-technology-are-we-addicted-to-this-time-f0f7860f2fab#.rfzxtvj1l.
5. Plato, *Phaedrus*, trans. Benjamin Jowett, 277a3–4, http://classics.mit.edu/Plato/phaedrus.html.
6. H.A. Simon, “Designing Organizations for an Information-Rich World” in *Computers, Communication, and the Public Interest*, ed. Martin Greenberger (Baltimore: Johns Hopkins Press, 1971), 40–41.
7. Hikaru Takeuchi et al., “Failing to Deactivate: The Association between Brain Activity During a Working Memory Task and Creativity,” *NeuroImage* 55, no. 2 (March 15, 2011): 681–87, https://doi.org/10.1016/j.neuroimage.2010.11.052; Nelson Cowan, “The Focus of Attention As Observed in Visual Working Memory Tasks: Making Sense of Competing Claims,” *Neuropsychologia* 49, no. 6 (May

2011): 1401-6, https://doi.org/10.1016/j. neuropsychologia.2011.01.035; P. A. Howard-Jones and S. Murray, "Ideational Productivity, Focus Of Attention, and Context," *Creativity Research Journal* 15, no. 2-3 (2003): 153-66, doi.org/10.1080/10400419.2003.9651409; Nilli Lavie, "Distracted and Confused? Selective Attention under Load," *Trends in Cognitive Sciences* 9, no. 2 (February 1, 2005): 75-82, https://doi.org/10.1016/j.tics.2004.12.004; Barbara J. Grosz and Peter C. Gordon, "Conceptions of Limited Attention and Discourse Focus," *Computational Linguistics* 25, no. 4 (1999): 617-24, http://aclweb.org/anthology/J/J99/J99-4006; Amanda L. Gilchrist and Nelson Cowan, "Can the Focus of Attention Accommodate Multiple, Separate Items?" *Journal of Experimental Psychology, Learning, Memory, and Cognition* 37, no. 6 (November 2011): 1484-1502, https://doi.org/10.1037/a0024352.

8. Julianne Holt-Lunstad, Timothy B. Smith, and J. Bradley Layton, "Social Relationships and Mortality Risk: A Meta-analytic Review," *PLOS Medicine* 7, no. 7 (July 27, 2010), https://doi.org/10.1371/journal.pmed.1000316.

第3章　何が私たちを駆り立てるのか

1. Zoë Chance, "How to Make a Behavior Addictive," TEDx talk at TEDxMillRiver, May 14, 2013, 16:57, www.youtube.com/watch?v=AHfiKav9fcQ.
2. Zoë Chance（著者のインタビューに答えて）, May 16, 2014.
3. Jeremy Bentham, *An Introduction to the Principles of Morals and Legislation*, new edition, corrected by the author (1823; repr., Oxford: Clarendon Press, 1907), www.econlib.org/library/Bentham/bnthPML1.html.
4. Epicurus, "Letter to Menoeceus," contained in *Diogenes Laertius, Lives of Eminent Philosophers, Book X*, 131, https://en.wikisource.org/wiki/Lives_of_the_Eminent_Philosophers/Book_X.
5. Paul F. Wilson, Larry D. Dell, and Gaylord F. Anderson, *Root Cause Analysis: A Tool for Total Quality Management* (Milwaukee: American Society for Quality, 1993).
6. Zoë Chance（著者が電子メールで取材）, July 11, 2014.

第4章　時間の管理は苦痛の管理

1. Max Roser, "The Short History of Global Living Conditions and Why It Matters That We Know It," *Our World in Data*,（2017年12月30日にアクセス）, https://ourworldindata.org/a-history-of-global-living-conditions-in-5-charts.
2. Adam Gopnik, "Man of Fetters," *New Yorker*, December 1, 2008, www.newyorker.

com/magazine/2008/12/08/man-of-fetters.

3. R. F. Baumeister et al., "Bad Is Stronger than Good," *Review of General Psychology* 5, no. 4 (December 2001): 323–70, https://doi.org/10.1037//1089-2680.5.4.323.
4. Timothy D.Wilson et al., "Just Think: The Challenges of the Disengaged Mind," *Science* 345, no. 6192 (July 4, 2014): 75–77, https://doi.org/10.1126/science.1250830.
5. "Top Sites in United States," *Alexa,*（2017年12月30日にアクセス）, www.alexa.com/topsites/countries/US.
6. Jing Chai et al., "Negativity Bias in Dangerous Drivers," *PLOS ONE* 11, no. 1 (January 14, 2016), https://doi.org/10.1371/journal.pone.0147083.
7. Baumeister et al., "Bad Is Stronger than Good."
8. A. Vaish, T. Grossmann, and A. Woodward, "Not All Emotions Are Created Equal: The Negativity Bias in Social-Emotional Development," *Psychological Bulletin* 134, no. 3 (2008): 383–403, https://doi.org/10.1037/0033-2909.134.3.383.
9. Baumeister et al., "Bad Is Stronger than Good."
10. Wendy Treynor, Richard Gonzalez, and Susan Nolen-Hoeksema, "Rumination Reconsidered: A Psychometric Analysis," *Cognitive Therapy and Research* 27, no. 3 (June 1, 2003): 247–59, https://doi.org/10.1023/A:1023910315561.
11. N. J. Ciarocco, K. D. Vohs, and R. F. Baumeister, "Some Good News About Rumination: Task-Focused Thinking After Failure Facilitates Performance Improvement," *Journal of Social and Clinical Psychology* 29, no.10 (2010): 1057–73, http://assets.csom.umn.edu/assets/166704.pdf.
12. K. M. Sheldon and S. Lyubomirsky, "The Challenge of Staying Happier: Testing the Hedonic Adaptation Prevention Model," *Personality and Social Psychology Bulletin*, 38 (February 23, 2012): 670, http://sonjalyubomirsky.com/wp-content/themes/sonjalyubomirsky/papers/SL2012.pdf.
13. David Myers, *The Pursuit of Happiness* (New York: William Morrow & Co., 1992), 53.
14. Richard E. Lucas et al., "Reexamining Adaptation and the Set Point Model of Happiness: Reactions to Changes in Marital Status," *Journal of Personality and Social Psychology* 84, no. 3 (2003): 527–39, www.apa.org/pubs/journals/releases/psp-843527.pdf.

第5章　内側からの注意散漫に対処する

1. "Jonathan Bricker, Psychologist and Smoking Cessation Researcher," Featured

Researchers, Fred Hutch,（2018年2月4日にアクセス）, www.fredhutch.org/en/diseases/featured-researchers/bricker-jonathan.html.

2. Fyodor Dostoevsky, *Winter Notes on Summer Impressions*, trans. David Patterson (1988; repr., Evanston, Ill: Northwestern University Press, 1997).
3. Lea Winerman, “Suppressing the ‘White Bears,’” *Monitor on Psychology* 42, no. 9 (October, 2011), https://www.apa.org/monitor/2011/10/unwanted-thoughts.
4. Nicky Blackburn, “Smoking—a Habit Not an Addiction,” *ISRAEL21c* (July 18, 2010), www.israel21c.org/smoking-a-habit-not-an-addiction/.
5. Reuven Dar et al., “The Craving to Smoke in Flight Attendants: Relations with Smoking Deprivation, Anticipation of Smoking, and Actual Smoking,” *Journal of Abnormal Psychology* 119, no. 1 (February 2010): 248-53, https://doi.org/10.1037/a0017778.
6. Cecilia Cheng and Angel Yee-lam Li, “Internet Addiction Prevalence and Quality of (Real) Life: A Metaanalysis of 31 Nations Across Seven World Regions,” *Cyberpsychology, Behavior, and Social Networking* 17, no. 12 (December 1, 2014): 755-60, https://doi.org/10.1089/cyber.2014.0317.

第6章　内部誘因の見方を変える

1. Jonathan Bricker（著者との会話）, August 2017.
2. Judson A. Brewer et al., “Mindfulness Training for Smoking Cessation: Results from a Randomized Controlled Trial,” *Drug and Alcohol Dependence* 119, no. 1-2 (December 2011): 72-80, https://doi.org/10.1016/j.drugalcdep.2011.05.027.
3. Kelly McGonigal, *The Willpower Instinct: How Self-Control Works, Why It Matters, and What You Can Do to Get More of It* (New York: Avery Publishing, 2011).
4. “Riding the Wave: Using Mindfulness to Help Cope with Urge,” *Portland Psychotherapy* (blog), November 18, 2011, https://portlandpsychotherapyclinic.com/2011/11/ridingwave-using-mindfulness-help-cope-urges/.
5. Sarah Bowen and Alan Marlatt, “Surfing the Urge: Brief Mindfulness-Based Intervention for College Student Smokers,” *Psychology of Addictive Behaviors* 23, no. 4 (December 2009): 666-71, https://doi.org/10.1037/a0017127.
6. Oliver Burkeman, “If You Want to Have a Good Time, Ask a Buddhist,” *Guardian*, August 17, 2018, www.theguardian.com/lifeandstyle/2018/aug/17/want-have-good-time-ask-abuddhist.

第7章　仕事の見方を変える

1. Ian Bogost, *Play Anything: The Pleasure of Limits, the Uses of Boredom, and the Secret of Games* (New York: Basic Books, 2016), 19.
2. "The Cure for Boredom Is Curiosity. There Is No Cure for Curiosity," Quote Investigator,(2019年3月4日にアクセス), https://quoteinvestigator.com/2015/11/01/cure/.

第8章　自分の性格の見方を変える

1. *Oxford Dictionaries*, s.v. "temperament,"(2018年8月17日にアクセス), https://en.oxforddictionaries.com/definition/temperament.
2. Roy F. Baumeister and John Tierney, *Willpower: Rediscovering the Greatest Human Strength*, 2nd ed. (New York: Penguin, 2012).
3. M. T. Gailliot et al., "Self-Control Relies on Glucose as a Limited Energy Source: Willpower Is More than a Metaphor," *Journal of Personality and Social Psychology* 92, no. 2 (February 2007): 325–36, www.ncbi.nlm.nih.gov/pubmed/17279852.
4. Evan C. Carter and Michael E. McCullough, "Publication Bias and the Limited Strength Model of Self-Control: Has the Evidence for Ego Depletion Been Overestimated?" *Frontiers in Psychology* 5 (July 2014), https://doi.org/10.3389/fpsyg.2014.00823.
5. Evan C. Carter et al., "A Series of Meta-analytic Tests of the Depletion Effect: Self-Control Does Not Seem to Rely on a Limited Resource," *Journal of Experimental Psychology*, General 144, no. 4 (August 2015): 796-815, https://doi.org/10.1037/xge0000083.
6. Rob Kurzban, "Glucose Is Not Willpower Fuel," *Evolutionary Psychology* blog archive,(2018年2月4日にアクセス), http://web.sas.upenn.edu/kurzbanepblog/2011/08/29/glucose-is-not-willpower-fuel/; Miguel A. Vadillo, Natalie Gold, and Magda Osman, "The Bitter Truth About Sugar and Willpower: The Limited Evidential Value of the Glucose Model of Ego Depletion," *Psychological Science* 27, no. 9 (September 1, 2016): 1207–14, https://doi.org/10.1177/0956797616654911.
7. Veronika Job et al., "Beliefs About Willpower Determine the Impact of Glucose on Self-Control," *Proceedings of the National Academy of Sciences* 110, no. 37 (September 10, 2013): 14837–42, https://doi.org/10.1073/pnas.1313475110.
8. "Research," on Michael Inzlicht's official website,(2018年2月4日にアクセス), http://

michaelinzlicht.com/research/.
9. “Craving Beliefs Questionnaire,”（2018年8月17日にアクセス）, https://drive.google.com/a/nireyal.com/file/d/0B0Q6Jkc_9z2DaHJaTndPMVVkY1E/view?usp=drive_open&usp=embed_facebook.
10. Nicole K. Lee et al., “It’s the Thought That Counts: Craving Metacognitions and Their Role in Abstinence from Methamphetamine Use,” *Journal of Substance Abuse Treatment* 38, no. 3 (April 2010): 245–50, https://doi.org/10.1016/j.jsat.2009.12.006.
11. Elizabeth Nosen and Sheila R. Woody, “Acceptance of Cravings: How Smoking Cessation Experiences Affect Craving Belief,” *Behaviour Research and Therapy* 59 (August 2014): 71–81, https://doi.org/10.1016/j.brat.2014.05.003.
12. Hakan Turkcapar et al., “Beliefs as a Predictor of Relapse in Alcohol-Dependent Turkish Men,” *Journal of Studies on Alcohol* 66, no. 6 (November 1, 2005): 848–51, https://doi.org/10.15288/jsa.2005.66.848.
13. Steve Matthews, Robyn Dwyer, and Anke Snoek, “Stigma and Self-Stigma in Addiction,” *Journal of Bioethical Inquiry* 14, no. 2 (2017): 275–86, https://doi.org/10.1007/s11673-017-9784-y.
14. Ulli Zessin, Oliver Dickhäuser, and Sven Garbade, “The Relationship Between Self-Compassion and Well-Being: A Meta-analysis,” *Applied Psychology, Health and Well-Being* 7, no. 3 (November 2015): 340–64, https://doi.org/10.1111/aphw.12051.
15. Denise Winterman, “Rumination: The Danger of Dwelling,” BBC News, October 17, 2013, www.bbc.com/news/magazine-24444431.

第9章　価値観を時間に変える

1. Johann Wolfgang von Goethe, *Maxims and Reflections*, ed. Peter Hutchinson, trans. Elisabeth Stopp (New York: Penguin, 1999).
2. Lucius Annaeus Seneca, *On the Shortness of Life,* trans. C. D. N. Costa (New York: Penguin, 2005).
3. Saritha Kuruvilla, *A Study of Calendar Usage in the Workplace*, Promotional Products Association International, 2011, retrieved January 31, 2018, http://static.ppai.org/documents/business%20study%20final%20report%20version%204.pdf.
4. Nod to Zig Ziglar, 彼の表現はやや異なる。以下を参照のこと。“If you don’t plan your time, someone else will help you waste it.” Zig Ziglar and Tom Ziglar, *Born to Win: Find Your Success Code* (Seattle: Made for Success Publishing, 2012), 52.

5. Russ Harris and Steven Hayes, *The Happiness Trap: How to Stop Struggling and Start Living* (Boston: Trumpeter Books, 2008), 167.
6. Massimo Pigliucci, "When I Help You, I Also Help Myself: On Being a Cosmopolitan," *Aeon*, November 17, 2017, https://aeon.co/ideas/when-i-help-you-i-also-help-myself-on-being-a-cosmopolitan.
7. Scott Barry Kaufman, "Does Creativity Require Constraints?" *Psychology Today*, August 30, 2011, www.psychologytoday.com/blog/beautiful-minds/201108/does-creativity-require-constraints.
8. P.M. Gollwitzer, "Implementation Intentions: Strong Effects of Simple Plans," *American Psychologist* 54, no. 7 (July 1999): 493–503, https://dx.doi.org/10.1037/0003-066X.54.7.493.

第10章　結果ではなくインプットを管理する

1. Lynne Lamberg, "Adults Need 7 or More Hours of Sleep Every Night," *Psychiatric News*, September 17, 2015, https://psychnews.psychiatryonline.org/doi/10.1176/appi.pn.2015.9b12.
2. "What Causes Insomnia?" National Sleep Foundation,(2018年9月11日にアクセス), https://sleepfoundation.org/insomnia/content/what-causes-insomnia.

第11章　人と交流する時間をスケジュールに組み込む

1. David S. Pedulla and Sarah Thébaud, "Can We Finish the Revolution? Gender, Work-Family Ideals, and Institutional Constraint," *American Sociological Review* 80, no. 1 (February 1, 2015): 116–39, https://doi.org/10.1177/0003122414564008.
2. Lockman, Darcy. "Analysis: Where Do Kids Learn to Undervalue Women? From Their Parents." Washington Post, November 10, 2017, sec. Outlook https://www.washingtonpost.com/outlook/where-do-kids-learn-to-undervalue-women-from-their-parents/2017/11/10/724518b2-c439-11e7-afe9-4f60b5a6c4a0_story.html.
3. George E. Vaillant, Xing-jia Cui, and Stephen Soldz, "The Study of Adult Development," Harvard Department of Psychiatry,(2017年11月9日にアクセス), www.adultdevelopmentstudy.org.
4. Robert Waldinger, "The Good Life," TEDx talk at TEDxBeaconStreet, November 30, 2015, 15:03, www.youtube.com/watch?v=q-7zAkwAOYg.
5. Julie Beck, "How Friendships Change in Adulthood," *Atlantic*, October 22, 2015, www.theatlantic.com/health/archive/2015/10/how-friendships-change-over-

time-in-adulthood/411466/.

第12章　利害関係者とスケジュールを調和させる

1. “Neverfail Mobile Messaging Trends Study Finds 83 Percent of Users Admit to Using a Smartphone to Check Work Email After Hours,” *Neverfail* via PRNewswire, November 22, 2011, www.prnewswire.com/news-releases/neverfail-mobile-messaging-trends-study-finds-83-percent-of-users-admit-to-using-a-smartphone-to-check-work-email-after-hours-134314168.html.
2. Marianna Virtanen et al., “Long Working Hours and Cognitive Function: The Whitehall II Study,” *American Journal of Epidemiology* 169, no. 5 (March 2009): 596–605, http://dx.doi.org/10.1093/aje/kwn382.

第13章　重要な問いかけ

1. Wendy（著者による取材）, January 2018.
2. *Oxford Dictionaries*, s.v. “hack,”（2018年9月11日にアクセス）, https://en.oxforddictionaries.com/definition/hack.
3. Mike Allen, “Sean Parker Unloads on Facebook: ‘God Only Knows What It’s Doing to Our Children’s Brains,’” *Axios*, November 9, 2017, www.axios.com/sean-parker-unloads-on-facebook-2508036343.html.
4. Edward L. Deci and Richard M. Ryan, “Self-Determination Theory: A Macrotheory of Human Motivation, Development, and Health,” *Canadian Psychology/Psychologie Canadienne* 49, no. 3 (2008): 182–85, https://doi.org/10.1037/a0012801.
5. David Pierce, “Turn Off Your Push Notifications. All of Them,” *Wired*, July 23, 2017, www.wired.com/story/turn-off-your-push-notifications/.
6. Gloria Mark, Daniela Gudith, and Ulrich Klocke, “The Cost of Interrupted Work: More Speed and Stress,” UC Donald Bren School of Information & Computer Sciences,（2018年2月20日にアクセス）, www.ics.uci.edu/~gmark/chi08-mark.pdf.
7. C. Stothart, A. Mitchum, and C. Yehnert, “The Attentional Cost of Receiving a Cell Phone Notification,” *Journal of Experimental Psychology: Human Perception and Performance* 41, no. 4 (August 2015): 893–97, http://dx.doi.org/10.1037/xhp0000100.
8. Lori A. J. Scott-Sheldon et al., “Text Messaging-Based Interventions for Smoking Cessation: A Systematic Review and Meta-analysis,” *JMIR mHealth and uHealth* 4, no. 2 (May 20, 2016): e49, https://doi.org/10.2196/mhealth.5436.

9. "Study Reveals Success of Text Messaging in Helping Smokers Quit: Text Messaging Interventions to Help Smokers Quit Should Be a Public Health Priority, Study Says," *ScienceDaily*, (November 27, 2017年11月27日にアクセス), www.sciencedaily.com/releases/2016/05/160523141214.htm.

第14章　仕事を妨害する誘因にハックバック

1. Institute of Medicine, *Preventing Medication Errors: Consensus Study Report*, ed. Philip Aspden et al. (Washington, DC: National Academies Press, 2007), https://doi.org/10.17226/11623.
2. Maggie Fox and Lauren Dunn, "Could Medical Errors Be the No. 3 Cause of Death?" NBC News, May 4, 2016, www.nbcnews.com/health/health-care/could-medical-errors-be-no-3-cause-death-america-n568031.
3. Victoria Colliver, "Prescription for Success: Don't Bother Nurses," *SFGate*, October 28, 2009, www.sfgate.com/health/article/Prescription-for-success-Don-t-bother-nurses-3282968.php.
4. Debra Wood, "Decreasing Disruptions Reduces Medication Errors," RN.com, (2017年12月8日にアクセス), www.rn.com/Pages/ResourceDetails.aspx?id=3369.
5. Innovation Consultancy, "Sanctifying Medication Administration," KP MedRite, (2018年10月10日にアクセス), https://xnet.kp.org/innovationconsultancy/kpmedrite.html.
6. Colliver, "Prescription for Success."
7. "Code of Federal Regulations: Part 121 Operating Requirements: Domestic, Flag, and Supplemental Operations," Federal Aviation Administration, (2017年12月8日にアクセス), http://rgl.faa.gov/Regulatory_and_Guidance_Library/rgFAR.nsf/0/7027DA4135C34E2086257CBA004BF853?OpenDocument&Highlight=121.542.
8. Debra Wood, "Decreasing Disruptions Reduces Medication Errors," rn.com, 2009, https://www.rn.com/Pages/ResourceDetails.aspx?id=3369.
9. Nick Fountain and Stacy Vanek Smith, "Episode 704: Open Office," in *Planet Money*, August 8, 2018, www.npr.org/sections/money/ 2018/08/08/636668862/episode-704-open-office.
10. Yousef Alhorr et al., "Occupant Productivity and Office Indoor Environment Quality: A Review of the Literature," *Building and Environment* 105 (August 15, 2016): 369-89, https://doi.org/10.1016/j.buildenv.2016.06.001.
11. Jeffrey Joseph, "Do Open/Collaborative Work Environments Increase, Decrease or Tend to Keep Employee Satisfaction Neutral?" Cornell University ILR School Digital Commons (Spring 2016), https://digitalcommons.ilr.cornell.edu/cgi/

viewcontent.cgi?referer=https://www.google.ca/&httpsredir=1&article=1098&context=student.

第15章　電子メールにハックバック

1. Sara Radicati ed., *Email Statistics Report 2014–2018* (Palo Alto: Radicati Group, 2014), www.radicati.com/wp/wp-content/uploads/2014/01/Email-Statistics-Report-2014-2018-Executive-Summary.pdf.
2. Thomas Jackson, Ray Dawson, and Darren Wilson, "Reducing the Effect of Email Interruptions on Employees," *International Journal of Information Management* 23, no. 1 (February 2003): 55–65, https://doi.org/10.1016/S0268-4012(02)00068-3.
3. Michael Mankins, "Why the French Email Law Won't Restore Work-Life Balance," *Harvard Business Review*, January 6, 2017, https://hbr.org/2017/01/why-the-french-email-law-wont-restore-work-life-balance.
4. Sam McLeod, "Skinner—Operant Conditioning," *Simply Psychology,* January 21, 2018, www.simplypsychology.org/operant-conditioning.html.
5. "Delay or Schedule Sending Email Messages," Microsoft Office Support, https://support.office.com/en-us/article/delay-or-schedule-sending-email-messages-026af69f-c287-490a-a72f-6c65793744ba.
6. https://mixmax.com/.
7. www.sanebox.com/.
8. Kostadin Kushlev and Elizabeth W. Dunn, "Checking Email Less Frequently Reduces Stress," *Computers in Human Behavior* 43 (February 1, 2015): 220–28, https://doi.org/10.1016/j.chb.2014.11.005.

第16章　グループチャットにハックバック

1. Jason Fried, "Is Group Chat Making You Sweat?" *Signal v. Noise*, March 7, 2016, https://m.signalvnoise.com/is-group-chat-making-you-sweat.
2. Jason Fried, "Is Group Chat Making You Sweat," *Signal v. Noise*, March 16, 2016, https://m.signalvnoise.com/is-group-chat-making-you-sweat.

第17章　会議にハックバック

1. *The Year Without Pants: Wordpress.com and the Future of Work* (San Francisco: Jossey-Bass, 2013), 42.

2. Catherine D. Middlebrooks, Tyson Kerr, and Alan D. Castel, "Selectively Distracted: Divided Attention and Memory for Important Information," *Psychological Science* 28, no. 8 (August 2017): 1103–15, https://doi.org/10.1177/0956797617702502; Larry Rosen and Alexandra Samuel, "Conquering Digital Distraction," *Harvard Business Review*, June 1, 2015, https://hbr.org/2015/06/conquering-digital-distraction.

第18章　スマホにハックバック

1. "Principles of Drug Addiction Treatment: A Research-Based Guide (Third Edition)," National Institute on Drug Abuse, January 17, 2018, https://www.drugabuse.gov/publications/principles-drug-addiction-treatment-research-based-guide-third-edition.
2. Tony Stubblebine, "How to Configure Your Cell Phone for Productivity and Focus," *Better Humans*, August 24, 2017, https://betterhumans.coach.me/how-to-configure-your-cell-phone-for-productivity-and-focus-1e8bd8fc9e8d.
3. David Pierce, "Turn Off Your Push Notifications. All of Them," *Wired,* July 23, 2017, www.wired.com/story/turn-off-your-push-notifications/.
4. Adam Marchick(著者との会話), January 2016.
5. "How to Use Do Not Disturb While Driving," Apple Support,(2017年12月5日にアクセス), https://support.apple.com/en-us/HT208090.

第19章　デスクトップにハックバック

1. Stephanie McMains and Sabine Kastner, "Interactions of Top-Down and Bottom-Up Mechanisms in Human Visual Cortex," *Journal of Neuroscience* 31, no. 2 (January 12, 2011): 587–97, https://doi.org/10.1523/JNEUROSCI.3766-10.2011.
2. Marketta Niemelä and Pertti Saariluoma, "Layout Attributes and Recall," *Behaviour & Information Technology* 22, no. 5 (September 1, 2003): 353–63, https://doi.org/10.1080/0144929031000156924.
3. Sophie Leroy, "Why Is It So Hard to Do My Work? The Challenge of Attention Residue When Switching Between Work Tasks," *Organizational Behavior and Human Decision Processes* 109, no. 2 (July 1, 2009): 168–81, https://doi.org/10.1016/j.obhdp.2009.04.002.

第20章　オンライン記事にハックバック

1. https://getpocket.com/.
2. Claudia Wallis, "GenM: The Multitasking Generation," *Time*, March 27, 2006, http://content.time.com/time/magazine/article/0,9171,1174696,00.html.
3. B. Rapp and S. K. Hendel, "Principles of Cross-Modal Competition: Evidence from Deficits of Attention," *Psychonomic Bulletin & Review* 10, no. 1 (2003): 210–19.
4. May Wong, "Stanford Study Finds Walking Improves Creativity," *Stanford News*, April 24, 2014, https://news.stanford.edu/2014/04/24/walking-vs-sitting-042414/.
5. Katherine L. Milkman, Julia A. Minson, and Kevin G. M. Volpp, "Holding the Hunger Games Hostage at the Gym: An Evaluation of Temptation Bundling," *Management Science* 60, no. 2 (February 2014): 283–99, https://doi.org/10.1287/mnsc.2013.1784.
6. Brett Tomlinson, "Behave!," *Princeton Alumni Weekly*, October 26, 2016, https://paw.princeton. edu/article/behave-katherine-milkman-04-studies-why-we-do-what-we-do-and-how-change-it.

第21章　ニュースフィードにハックバック

1. T. C. Sottek, "Kill the Facebook News Feed," *The Verge*, May 23, 2014, www.theverge.com/2014/5/23/5744518/kill-the-facebook-news-feed.
2. Freia Lobo, "This Chrome Extension Makes Your Facebook Addiction Productive," Mashable, January 10, 2017, http://mashable.com/2017/01/10/todobook-chrome-extension/.
3. https://chrome.google.com/webstore/detail/newsfeed-burner/gdjcjcbjnaelafcijbnceapahcgkpjkl.
4. https://chrome.google.com/webstore/detail/open-multiple-websites/chebdlgebkhbmkeanhkgfojjaofeihgm.
5. Nir Eyal, *Hooked: How to Build Habit-Forming Products* (New York: Portfolio, 2014).
6. https://chrome.google.com/webstore/detail/df-tube-distraction-free/mjdepdfccjgcndkmemponafgioodelna?hl=en.

第22章　プリコミットメントの力

1. Lev Grossman, "Jonathan Franzen: Great American Novelist," *Time*, August 12,

2010, http://content.time.com/time/magazine/article/0,9171,2010185-1,00.html.
2. Iain Blair, "Tarantino Says Horror Movies Are Fun," *Reuters*, April 5, 2007, www.reuters.com/article/us-tarantino/tarantino-says-horror-movies-are-fun-idUSN2638212720070405.
3. *Harper's Bazaar UK*, "Booker Prize Nominated Jhumpa Lahiri on India, Being a Mother and Being Inspired by the Ocean," *Harper's Bazaar*, October 4, 2013, www.harpersbazaar.com/uk/culture/staying-in/news/a20300/booker-prize-nominated-jhumpa-lahiri-on-india-being-a-mother-and-being-inspired-by-the-ocean.
4. Zeb Kurth-Nelson and A. David Redish, "Don't Let Me Do That!—Models of Precommitment," *Frontiers in Neuroscience* 6, no. 138 (2012), https://doi.org/10.3389/fnins.2012.00138.
5. Adolf Furtwängler, *Odysseus and the Sirens*, n.d., drawing based on detail from an Attic redfigured stamnos from ca. 480–470 bc, height 35.3 cm (13 32), British Museum, https://commons.wikimedia.org/wiki/File:Furtwaengler1924009.jpg.
6. Wikipedia, s.v. "Ulysses pact,"(2017年2月11日にアクセス), https://en.wikipedia.org/w/index.php?title=Ulysses_pact&oldid=764886941.

第23章　努力契約で注意散漫を防ぐ

1. www.amazon.com/Kitchen-Safe-Locking-Container-Height/dp/B00JGFQTD2.
2. https://selfcontrolapp.com/.
3. https://freedom.to/.
4. www.forestapp.cc/.
5. "IOS 12 introduces new features to reduce interruptions and manage Screen Time," Apple Newsroom, June 4, 2018, www.apple.com/newsroom/2018/06/ios-12-introduces-new-features-to-reduce-interruptions-and-manage-screen-time/.

第24章　プライス契約で注意散漫を防ぐ

1. Scott D. Halpern et al., "Randomized Trial of Four Financial-Incentive Programs for Smoking Cessation," *New England Journal of Medicine* 372, no. 22 (2015): 2108–17, https://doi.org/10.1056/NEJMoa1414293.

第25章　アイデンティティー契約で注意散漫を防ぐ

1. Christopher J. Bryan et al., "Motivating Voter Turnout by Invoking the Self," *Proceedings of the National Academy of Sciences* 108, no. 31 (2011): 12653–56, http://dx.doi.org/10.1073/pnas.1103343108.
2. Adam Gorlick, "Stanford Researchers Find That a Simple Change in Phrasing Can Increase Voter Turnout," *Stanford News*, July 19, 2011, http://news.stanford.edu/news/2011/july/increasing-voter-turnout-071911.html.
3. Bryan et al., "Motivating Voter Turnout."
4. Vanessa M. Patrick and Henrik Hagtvedt, "'I Don't' Versus 'I Can't': When Empowered Refusal Motivates Goal-Directed Behavior," *Journal of Consumer Research* 39, no. 2 (2012): 371–81, https://doi.org/10.1086/663212.
5. Leah Fessler, "Psychologists Have Surprising Advice for People Who Feel Unmotivated," *Quartz at Work,* August 22, 2018, https://qz.com/work/1363911/two-psychologists-have-a-surprising-theory-on-how-to-get-motivated/.
6. "Targeting Hypocrisy Promotes Safer Sex," *Stanford SPARQ*,（2018年9月28日にアクセス）, https://sparq.stanford.edu/solutions/targeting-hypocrisy-promotes-safer-sex.
7. Lauren Eskreis-Winkler and Ayelet Fishbach, "Need Motivation at Work? Try Giving Advice," *MIT Sloan Management Review* (blog), August 13, 2018, https://sloanreview.mit.edu/article/need-motivation-at-work-try-giving-advice/.
8. Allen Ding Tian et al., "Enacting Rituals to Improve Self-Control," *Journal of Personality and Social Psychology* 114, no. 6 (2018): 851–76, https://doi.org/10.1037/pspa0000113.
9. Daryl J. Bem, "Self-Perception Theory," in *Advances in Experimental Social Psychology*, ed. Leonard Berkowitz, vol. 6 (New York: Academic Press, 1972).
10. *The Principles of Psychology*, vol. 2 (New York: Henry Holt and Company, 1918) 370.

第26章　注意散漫は組織の機能不全のサイン

1. Stephen Stansfeld and Bridget Candy, "Psychosocial Work Environment and Mental Health—a Meta-analytic Review," *Scandinavian Journal of Work, Environment & Health* 32, no. 6 (2006): 443–62.
2. Stephen Stansfeld（著者による電話インタビュー）, February 13, 2018.
3. "Depression in The Workplace," *Mental Health America*, November 1, 2013, www.mentalhealthamerica.net/conditions/depression-workplace.
4. Leslie A. Perlow, *Sleeping with Your Smartphone: How to Break the 24/7 Habit*

and Change the Way You Work (Boston: Harvard Business Review Press, 2012).
5. *Sleeping with Your Smartphone*, brackets in the original.

第27章　注意散漫の改善は、企業文化の試金石

1. Leslie A. Perlow, *Sleeping with Your Smartphone: How to Break the 24/7 Habit and Change the Way You Work* (Boston: Harvard Business Review Press, 2012).
2. Julia Rozovsky, "The Five Keys to a Successful Google Team," *Re:Work* (blog), November 17, 2015, https://rework.withgoogle.com/blog/five-keys-to-a-successful-google-team/.
3. Amy Edmondson, "Building a Psychologically Safe Workplace," TEDx talk at TEDxHGSE, May 4, 2014, www.youtube.com/watch?time_continue=231&v=LhoLuui9gX8.
4. Edmondson, "Building a Psychologically Safe Workplace."

第28章　集中が乱されない職場

1. Slack Team, "With 10+ Million Daily Active Users, Slack Is Where More Work Happens Every Day, All over the World," Slack (blog),（2019年3月22日にアクセス）, https://slackhq.com/slack-has-10-million-daily-active-users.
2. Jeff Bercovici, "Slack Is Our Company of the Year. Here's Why Everybody's Talking About It," *Inc.*, November 23, 2015, www.inc.com/magazine/201512/jeff-bercovici/slack-company-of-the-year-2015.html.
3. Casey Renner, "Former Slack CMO, Bill Macaitis, on How Slack Uses Slack," *OpenView Labs*, May 19, 2017, https://labs.openviewpartners.com/how-slack-uses-slack/.
4. Graeme Codrington, "Good to Great . . . to Gone!," *Tomorrow Today*, December 9, 2011, www.tomorrowtodayglobal.com/2011/12/09/good-to-great-to-gone-2/.
5. Boston Consulting Group Overview on Glassdoor,（2018年2月12日にアクセス）, www.glassdoor.com/Overview/Working-at-Boston-Consulting-Group-EI_IE3879.11,34.htm.
6. Slack Reviews on Glassdoor,（2018年2月12日にアクセス）, www.glassdoor.com/Reviews/slack-reviews-SRCH_KE0,5.htm.

第29章　便利な言い訳を避ける

1. Jean M. Twenge, "Have Smartphones Destroyed a Generation?" *Atlantic*,

September 2017, www.theatlantic.com/magazine/archive/2017/09/has-the-smartphone-destroyed-a-generation/534198/.

2. Lulu Garcia-Navarro, "The Risk of Teen Depression and Suicide Is Linked to Smartphone Use, Study Says," NPR Mental Health, December 17, 2017, www.npr.org/2017/12/17/571443683/the-call-in-teens-and-depression.
3. Twenge, "Have Smartphones Destroyed a Generation?"
4. YouTube search, "dad destroys kids phone,"(2018年7月23日にアクセス), www.youtube.com/results?search_query=dad+destroys+kids+phone.
5. Mark L. Wolraich, David B. Wilson, and J. Wade White, "The Effect of Sugar on Behavior or Cognition in Children: A Meta-analysis," *JAMA* 274, no. 20 (November 22, 1995): 1617–21, https://doi.org/10.1001/jama.1995.03530200053037.
6. Alice Schlegel and Herbert Barry III, *Adolescence: An Anthropological Inquiry* (New York: Free Press, 1991).
7. Robert Epstein, "The Myth of the Teen Brain," *Scientific American*, June 1, 2007, www.scientificamerican.com/article/the-myth-of-the-teen-brain-2007-06/.
8. Richard McSherry, "Suicide and Homicide Under Insidious Forms," *Sanitarian*, April 26, 1883.
9. W. W. J., review of *Children and Radio Programs: A Study of More than Three Thousand Children in the New York Metropolitan Area*, by Azriel L. Eisenberg, *Gramophone*, September 1936, https://reader.exacteditions.com/issues/32669/page/31?term=crime.
10. Abigail Wills, "Youth Culture and Crime: What Can We Learn from History?" History Extra, August 12, 2009, www.historyextra.com/period/20th-century/youth-culture-and-crime-what-can-we-learn-from-history/.
11. "No, Smartphones Are Not Destroying a Generation," *Psychology Today*, August 6, 2017, www.psychologytoday.com/blog/once-more-feeling/201708/no-smartphones-are-not-destroying-generation.
12. "More Screen Time for Kids Isn't All That Bad: Researcher Says Children Should Be Allowed to Delve into Screen Technology, as It Is Becoming an Essential Part of Modern Life," ScienceDaily, February 7, 2017, www.sciencedaily.com/releases/2017/02/170207105326.htm.
13. Andrew K. Przybylski and Netta Weinstein, "A Large-Scale Test of the Goldilocks Hypothesis: Quantifying the Relations Between Digital-Screen Use and the Mental Well-Being of Adolescents," *Psychological Science* 28, no. 2 (January 13, 2017): 204–15, https://journals.sagepub.com/doi/10.1177/0956797616678438.
14. Tom Chivers, "It Turns Out Staring at Screens Isn't Bad for Teens' Mental

Wellbeing," Buzzfeed, January 14, 2017, www.buzzfeed.com/tomchivers/mario-kart-should-be-available-on-the-nhs.

第30章　内部誘因を理解する

1. Richard M. Ryan and Edward L. Deci, "Self-Determination Theory and the Facilitation of Intrinsic Motivation, Social Development, and Well-Being," *American Psychologist* 55, no. 1 (January 2000): 68–78, https://dx.doi.org/10.1037/0003-066X.55.1.68.
2. Maricela Correa-Chávez and Barbara Rogoff, "Children's Attention to Interactions Directed to Others: Guatemalan Mayan and European American Patterns," *Developmental Psychology* 45, no. 3 (May 2009): 630–41, https://doi.org/10.1037/a0014144.
3. Michaeleen Doucleff, "A Lost Secret: How to Get Kids to Pay Attention," NPR, June 21, 2018, www.npr.org/sections/goatsandsoda/2018/06/21/621752789/a-lost-secret-how-to-get-kids-to-pay-attention.
4. Doucleff, "Lost Secret."
5. Richard Ryanへの研究助手のインタビュー, May 2017.
6. Robert Epstein, "The Myth of the Teen Brain," *Scientific American*, June 1, 2007, www.scientificamerican.com/article/the-myth-of-the-teen-brain-2007-06/.
7. Ryanへのインタビュー, May 2017.
8. Peter Gray, "The Decline of Play and the Rise of Psychopathy in Children and Adolescents," *American Journal of Play* 3, no. 4 (Spring 2011): 443–63.
9. Esther Entin, "All Work and No Play: Why Your Kids Are More Anxious, Depressed," *Atlantic,* October 12, 2011, www.theatlantic.com/health/archive/2011/10/all-work-and-no-play-why-your-kids-are-more-anxious-depressed/246422/.
10. Christopher Ingraham, "There's Never Been a Safer Time to Be a Kid in America," *Washington Post*, April 14, 2015, www.washingtonpost.com/news/wonk/wp/2015/04/14/theres-never-been-a-safer-time-to-be-a-kid-in-america/.
11. Richard Ryanへの研究助手のインタビュー, May 2017.
12. Gray, "Decline of Play."
13. Ryanへのインタビュー, May 2017.
14. Richard M. Ryan and Edward L. Deci, *Self-Determination Theory: Basic Psychological Needs in Motivation, Development, and Wellness* (New York: Guilford Publications, 2017), 524.

第31章　集中するための時間を一緒につくろう

1. Lori Getzとその家族への研究助手のインタビュー, May 2017.
2. Alison Gopnik, "Playing Is More Than Fun—It's Smart," *Atlantic,* August 12, 2016, www.theatlantic.com/education/archive/2016/08/in-defense-of-play/495545/.
3. Anne Fishel, "The Most Important Thing You Can Do with Your Kids? Eat Dinner with Them," *Washington Post*, January 12, 2015, www.washingtonpost.com/posteverything/wp/2015/01/12/the-most-important-thing-you-can-do-with-your-kids-eat-dinner-with-them/.

第32章　子どもを外部要因から守る

1. Monica Anderson and Jingjing Jiang, "Teens, Social Media & Technology 2018," Pew Research Center, May 31, 2018, www.pewinternet.org/2018/05/31/teens-social-media-technology-2018/.
2. "Mobile Kids: The Parent, the Child and the Smartphone," Nielsen Newswire, February 28, 2017, www.nielsen.com/us/en/insights/news/2017/mobile-kids-the-parent-the-child-and-the-smartphone.html.
3. AIEK/AEKU X8 Ultra Thin Card Mobile Phone Mini Pocket Students Phone, Aliexpress,（2019年1月12日にアクセス）, www.aliexpress.com/item/New-AIEK-AEKU-X8-Ultra-Thin -Card-Mobile-Phone-Mini-Pocket-Students-Phone-Low-Radiation-Support/32799743043.html.
4. Joshua Goldman, "Verizon's $180 GizmoWatch Lets Parents Track Kids' Location and Activity," CNET, September 20, 2018, www.cnet.com/news/verizons-180-gizmowatch-lets-parents-track-kids-location-activity/.
5. Anya Kamenetz, *The Art of Screen Time: How Your Family Can Balance Digital Media and Real Life* (New York: PublicAffairs, 2018).

第34章　友人の間で社会的抗体を拡散する

1. Nicholas A. Christakis and James H. Fowler, "Social Contagion Theory: Examining Dynamic Social Networks and Human Behavior," *Statistics in Medicine* 32, no. 4 (February 20, 2013): 556-77, https://doi.org/10.1002/sim.5408.
2. Kelly Servick, "Should We Treat Obesity like a Contagious Disease?" *Science,* February 19, 2017, www.sciencemag.org/news/2017/02/should-we-treat-obesity-contagious-disease.
3. Paul Graham, "The Acceleration of Addictiveness," July 2010, www.paulgraham.

com/addiction.html.
4. “Trends in Current Cigarette Smoking Among High School Students and Adults, United States, 1965–2014,” Centers for Disease Control and Prevention,(December 6, 2017年12月6日), www.cdc.gov/tobacco/data_statistics/tables/trends/cig_smoking/.
5. McCann Paris, “Macquarie ‘Phubbing: A Word Is Born’ // McCann Melbourne,” June 26, 2014, video, 2:27, www.youtube.com/watch?v=hLNhKUniaEw.

第35章　気を散らさないで深く愛する

1. Rich Miller, “Give Up Sex or Your Mobile Phone? Third of Americans Forgo Sex,” Bloomberg, January 15, 2015, www.bloomberg.com/news/articles/2015-01-15/give-up-sex-or-your-mobile-phone-third-of-americans-forgo-sex.
2. Russell Heimlich, “Do You Sleep with Your Cell Phone?” Pew Research Center (blog),(2019年1月15日), www.pewresearch.org/fact-tank/2010/09/13/do-you-sleep-with-your-cell-phone/.
3. https://eero.com.
4. *New Oxford American Dictionary*, 2nd ed., s.v. “strive.”

著者紹介

ニール・イヤール

心理学とテクノロジー、経営学を中心に、執筆、教授活動を行っているコンサルタント。スタンフォード経営大学院とスタンフォード大学ハッソ・プラットナー・デザイン研究所で行動デザインを教えている。NirAndFar.com へのブログ執筆のほか、ハーバード・ビジネス・レビュー、アトランティック、タイム、ザ・ウィーク、インク、サイコロジー・トゥデイなどに寄稿している。
2014年の著作『Hooked ハマるしかけ（*Hooked : How to Build Habit-Forming Products*）』（翔泳社）はウォール・ストリート・ジャーナルのベストセラーで、18以上の言語に翻訳され、800CEOリードの「マーケティング・ブック・オブ・ザ・イヤー賞」を受賞した。

ジュリー・リー

NirAndFar.com の共同設立者で、時間管理、行動デザイン、消費者心理学に関する最新の知見を、全世界の視聴者に提供している。二つの新興企業を共同設立し、両社を買収に導いた。

訳者紹介

野中 香方子

翻訳家。お茶の水女子大学文教育学部卒業。主な訳書に『137億年の物語』（文藝春秋）、『China2049』『2052 今後40年のグローバル予測』（ともに日経BP）、『脳を鍛えるには運動しかない!』（NHK出版）などがある。

読者特典『最強の集中力 実践ワークブック』を無料でダウンロードできます！

［その1］本書で学んだことを実践する際に役立つ『最強の集中力 実践ワークブック』（日本語版、PDFファイル）を、日経BPの本書紹介ページ（https://www.nikkeibp.co.jp/atclpubmkt/book/20/P88940/）から、無料でダウンロードできます。また、本書で紹介する『スケジュールのテンプレート』『注意散漫追跡表のテンプレート』『集中カード』『読書会のためのディスカッションガイド』（いずれもPDFファイル）も無料でダウンロードできます。ぜひ、ご活用ください。

［その2］本書に登場する注意散漫防止に役立つさまざまなツールが、著者サイトNirAndFar.com/indistractable-resources/ からダウンロード（英語）できます。こちらも、ご活用ください。

最強の集中力
本当にやりたいことに没頭する技術

2020年8月31日　第1版第1刷発行

著者　ニール・イヤール、ジュリー・リー
翻訳　野中 香方子
発行者　村上 広樹
発行　日経BP
発売　日経BPマーケティング
〒105-8308 東京都港区虎ノ門4-3-12
https://www.nikkeibp.co.jp/books/

ブックデザイン　山之口 正和(OKIKATA)
DTP・制作　河野 真次
編集担当　沖本 健二
印刷・製本　中央精版印刷株式会社

ISBN 978-4-8222-8894-5　Printed in Japan

本書籍に関するお問い合わせ、ご連絡は下記にて承ります。
https://nkbp.jp/booksQA

「集中カード」のつくり方

1
実線に沿って
カードを切り抜く
2
モニターの厚さに
合わせて、
両サイドの溝を切り取る
3
点線に沿って
カードを折り曲げる
4
セロテープか
糊で端を接着する
GLUE
5
集中が必要な時、
これをモニターに
はめ込む
6
本書のサイト、
INDISTRACTABLE.COM
にアクセスしよう

RED LIGHT

いま、とても
集中しています。
要件は少しあとで
お願いします。

INDISTRACTABLE.COM

RED LIGHT